KB210998

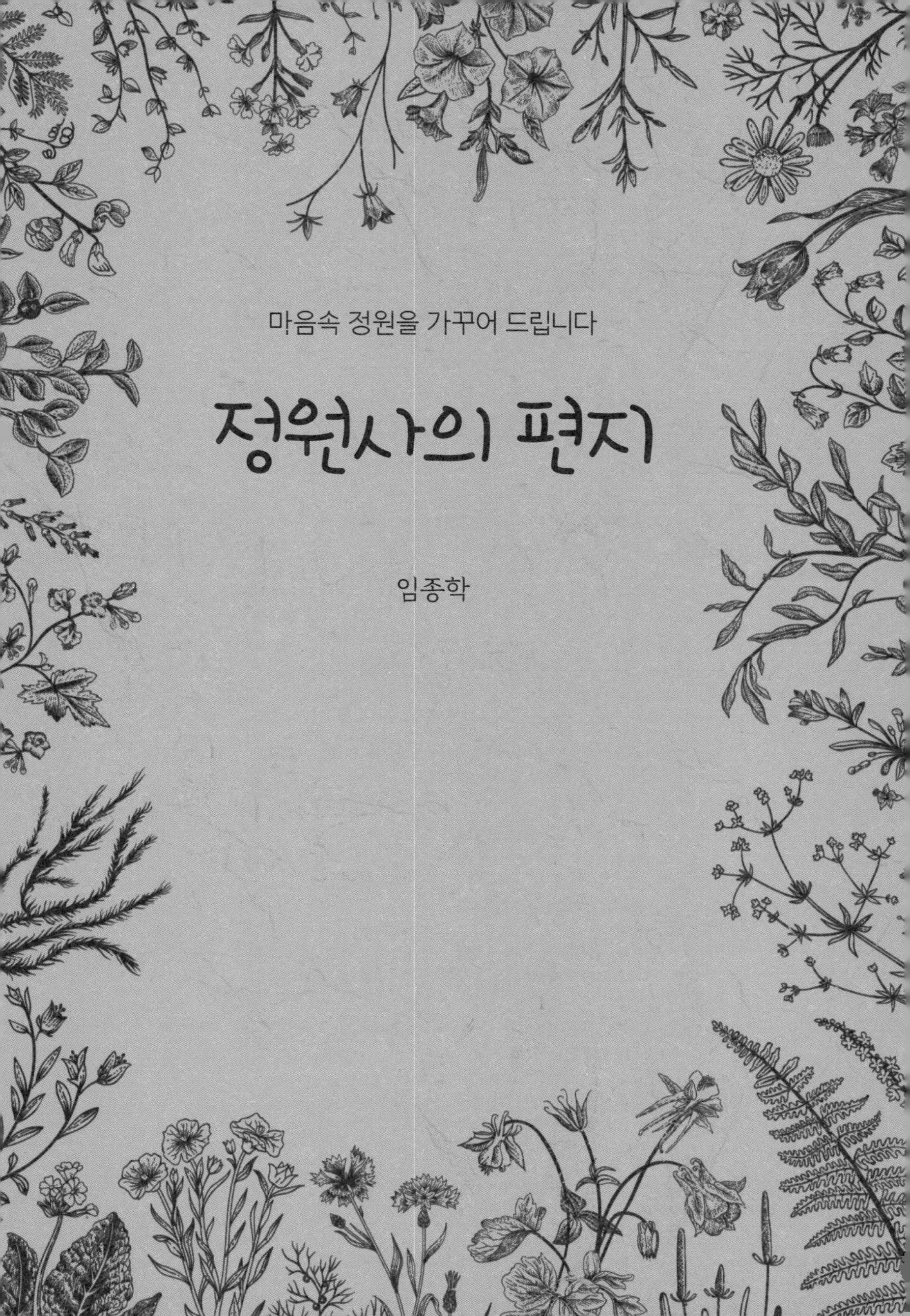

마음속 정원을 가꾸어 드립니다

정원사의 편지

임종학

정원사의 편지

마음속 정원을 가꾸어 드립니다

초판 1쇄 2021년 12월 20일

지은이 임종학
펴낸이 최지윤
펴낸곳 시커뮤니케이션

서점관리 하늘유통

찍은곳 하정문화사

등록 제 2019-000012 호
팩스 0303)3443-7211
홈페이지 www.seenstory.co.kr
페이스북 https://www.facebook.com/seeseesay
이메일 seenstory@naver.com

ISBN 979-11-88579-87-7(03230)

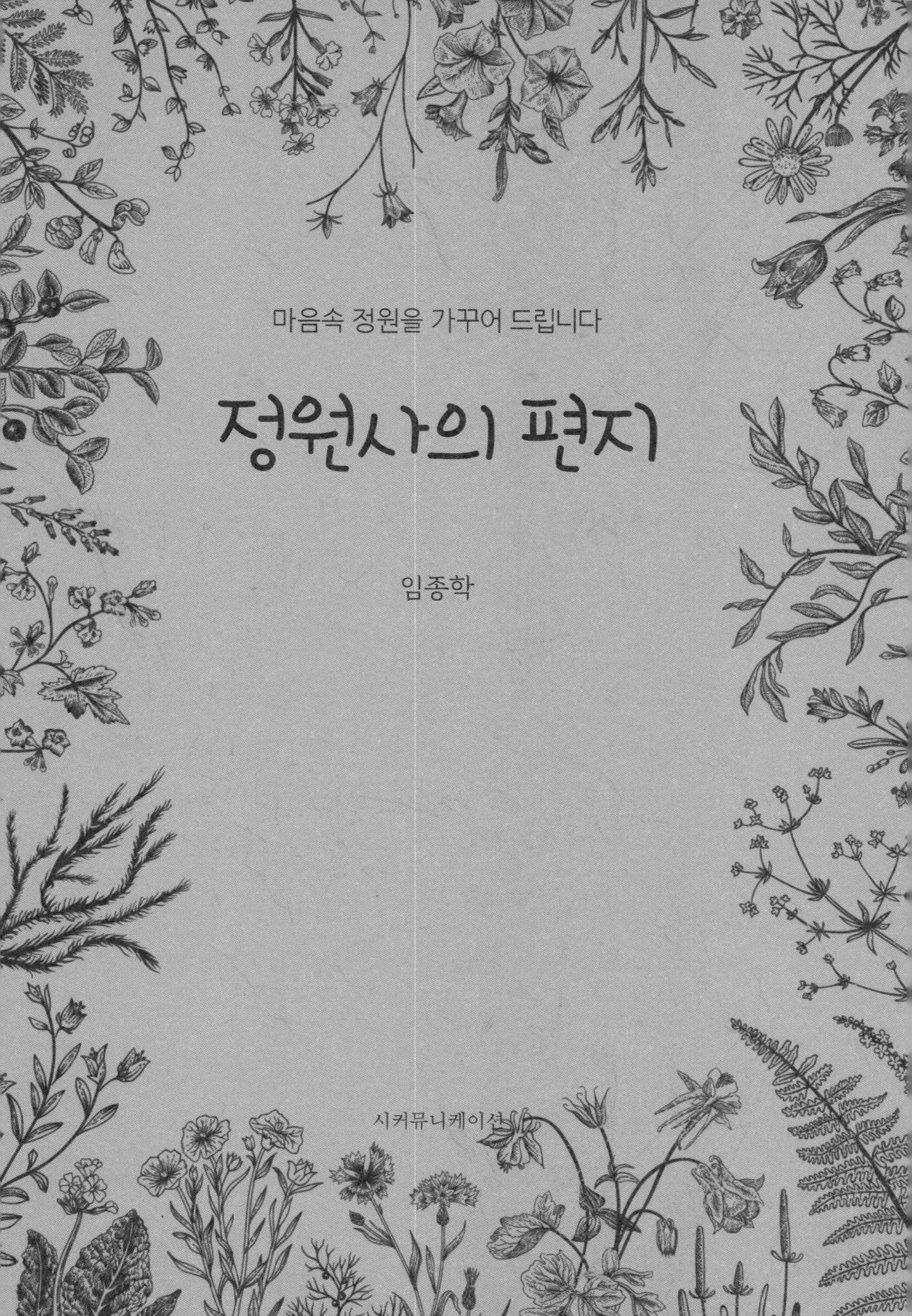

마음속 정원을 가꾸어 드립니다

정원사의 편지

임종학

시커뮤니케이션

작은 정원에 초대합니다

전도 편지를 모았습니다. 편지를 받는 이들은 진실이 담긴 이야기를 읽고 싶어하리라 생각했기에 제 이야기로 많이 채웠습니다. 게다가 처음 글을 쓸 때는 책으로 내려는 의도가 없었기에 부끄러움도 숨김도 없이 속 이야기를 꺼내 보았습니다. 그런데 책으로 엮으니 왠지 부끄러워집니다.

최선을 다해 정제한 글로 보낸 편지였다지만 여전히 저는 글을 쓰는 일에 서툰 사람입니다. 다만, 마음은 전하려고 애썼습니다. 내 안에 살아계신 예수 그리스도를 다른 사람에게 소개하고 싶다면 이론적인 설득이어도, 외침만이어서도 안된다고 생각했습니다. 나를 만나주신 예수님의 사랑은 극적인 체험이 아닌 말씀을 통해 가슴으로 다가온 사랑이었습니다.

그래서 저도 단 한마디라도 마음을 담아 전하고 싶었습니다.

바울이 전한 복음은, 가장 힘있게 전달된 통로가 편지였다(고후10:10) 생각하니 나같이 언변력 없는 사람에겐 서신이 상대적으로 편한 통로였던 것 같습니다.

그리고 쓰는 것은 내겐 행복한 일이었습니다.

젊은이들을 좋아하고, 말하기보다 듣기를 좋아하며, 입술의 표현보다는 글의 표현이 편한 것이었기에 하나둘 안타까운 영혼을 찾아 보낸 편지였습니다.

이 책이 하나님을 다시 만나는 통로가 되기를 소망합니다.

2021.11.24. 샘지기 임종학

책 차례

서문 4

1. 만남 7

2. 사랑 53

3. 회복 109

후기 166

CHAPTER 1
만남

첫 번째 서신

요즘 저는 많은 시간을 독서와 묵상에 할애하며 새로운 삶을 준비하고 있습니다. 중년기이다 보니 책을 대하고 좋은 글귀를 만날 때면 아쉬운 점이 있습니다. 기억해둘 공간이 머리가 아닌 마음뿐이라는 것입니다. 머리에 담아둘 수 없다는 생각이 들면서 얼마 전부터 다이어리에 기록을 남겨두는 습관을 갖게 되었습니다. 그런데 기도하다가 문득 떠오르는 지혜가 있었습니다.

사랑했던 사람들, 사랑하는 이들, 그리고 사랑을 나누고 싶은 분들에게 나의 마음과 내 안에 계신 하나님의 자리를 보여주고 싶다는 생각이었습니다.

차가운 머리가 아닌 따스한 가슴으로 나누고 싶은 생각입니다. 정겨운 마음으로 드리는 글이니 부담 없이 받으시기 바랍니다.

저에게 취미가 있다면 정원을 만드는 일입니다.

뜰이 없는 아파트이지만, 집 안에서 화초를 가꾸고 큰 수족관을 관리하며 수초로 가득 찬 열대어들의 정원을 만들고 있습니다. 이것은 저에게 큰 기쁨이 되었습니다.

하나님께서는 얼마 전부터 저에게 또 하나의 정원을 보게 하셨습니다. 그것은 사람들이 평생 가꾸어야 할 '마음의 정원' 입니다. 외모는 금방 싫증이 나지만 아름답게 가꾸어진 마음의 정원은 항상 편안함과 유쾌함을 줍니다.

언제인가 딸에게 이런 소망을 담은 글을 선물한 적이 있습니다.

마음의 정원

맑은 호수보다
드넓은 바다보다
저 밤하늘의 별들보다 아름다운 건
네 마음의 정원
그가 지은 세계가 아닌
네가 만든 세상이어서

보고 싶어하는 자리
늘 그대로 있는 모습 아닌
계속 가꾸어질 마음이어서
더욱 찾아오고 싶어하는 자리

주님의 딸로
그를 찬양하는 자로
사람들 앞에
칭찬받을 자로 살아가야 할 네 마음은
주님의 정원
찬바람 불고 혹한이 다가와
혹 꺾이울 것 있다하여도
생명 그분의 것임에
더 아름다울 미래를 준비해야겠지
마지막을 더 아름답게 꽃피우게 할
그분의 아름다운 정원을 만들어야겠지

전 이제 소박한 정원사가 되기로 했습니다. 우리 마음속에 있는, 아담과 하와의 정원을 회복하고 가꾸어주는 정원사가 되려 합니다. 물론, 저 혼자의 힘으로만 하려면 전혀 가당치 않겠지요.

하나님께서는 잃어버린 마음의 정원을 회복시키려고 놀라

운 일을 하셨습니다. 황폐한 마음의 땅을 옥토로 만들기 위해 그의 아들을 이 땅에 보내셔서 십자가에 희생제물이 되게 하신 일입니다.

예수님은 이 땅에 오셔서 좋은 교훈의 말씀도 주시며 병자도 치유하셨지만, 그것은 작은 일이었습니다. 그보다 더 가치 있고 큰일을 하셨는데 그것은 바로 인간 마음의 옥토를 회복하기 위해 '자신을 죽여 거름되게 하신 일'과 '피를 뿌려 영혼에 생기를 불어넣으신 일'입니다.

예수님께서 회복해 주신 마음의 정원을 가꾸는 일은 이제 저의 몫이 되었습니다. 지금도 세상은 여전히 황폐합니다. 살기는 좋아졌다지만 마음은 과거보다 더 각박해져 있습니다. 풍요한 듯 보여도 경제는 여전히 어렵다고 합니다. 그러나 같이 생각해 보면 좋겠습니다.

지난 반백 년 세월 속에서 경제부흥 말고 더 중요했던 주제가 무엇이었던가요. 그런데, 우리는 그만큼 행복한가요. 더 많이 개발하고 더 부유해지면 우리는 더 행복해지는 것일까요. 경제가 달려가는 목적지는 과연 행복일까요.

이상합니다. 바깥세상은 아름답고 풍요로워 보이지만 그럴수록 마음속 정원은 점차 황폐해져 갑니다. 파릇파릇 솟아나는 새순을 보기 힘들고 힘차게 뻗은 뿌리와 줄기 그리고 우거진 가지와 잎은 더욱 보기 어렵습니다. 꽃은 더더욱 찾기 힘들며 열매는 아예 보이지 않습니다.

예수님께서 잎이 무성한 무화과나무에서 열매를 찾다가 얻지 못하자, 나무를 저주하여 죽인 사건을 기억하실 것입니다.

그런데 혹시, 우리 마음의 정원에서는 열매가 열렸나 생각해 보셨나요. 과연, 주님이 보시기에 만족스러운 열매들이 주렁주렁 열려있을까요? 그 열매를 맺기 위해 최선을 다한 시간이 맛있는 것을 먹고, 아파트를 사기 위해 최선을 다한 기간보다 압도적으로 더 많은가요?

오늘은 우리 마음속 정원을 보고 싶어 거울 하나를 들어보았습니다. 이 거울을 든 우리의 정원에 어느새 푸른 정원이 그려지기를 소망합니다.

다음에 뵐 수 있기를 소망합니다.

하나님의 임재를 빕니다.

두 번째 세상

몇 년 전 깜깜한 밤중에 세 아이를 데리고 시골 냇가에 간 적이 있습니다. 아이들에게 액자에 소중하게 넣어두는 사진처럼 평생 추억으로 담아둘 기억을 만들어 주고 싶어서 마련한 시간이었습니다.

부모님이 사시던 시골의 냇가는 유성우를 관찰하기에 아주 적격인 장소였습니다. 그날은 유성우가 쏟아지는 밤이었습니다. 자리를 넓게 펴고 우리 다섯 식구는 나란히 누워 별똥별을 찾아 세어보기로 했습니다.

그날은 유난히도 맑은 하늘이었고, 소문나게 밤하늘이 맑다는 그곳은 더욱 특별한 세상이 되어 있었습니다.

"와! 저기, 멋지다! 정말 신기해요!"

아이들이 교과서에서 배운 별똥별과 별자리를 실제로 보는 경험은 처음이었던 것입니다.

“이쪽에서도 나타났어. 아빠!”

“어디, 어디?”

“아! 또 봤다, 봤어! 저기!”

그 밤에 6, 70여 개의 크고 작은 별똥별을 함께 세며 온 우주를 가장 가까이 품고 있는 듯 모두가 행복했습니다.

광대한 우주 속에서 인간은 작아지고 맙니다. 어떤 현자는 이런 말을 했습니다.

‘밤하늘의 별들을 날마다 5분만 바라볼 수 있는 사람이라면 하나님의 존재를 거부하기 어려울 것이다.’

오래전 대학 시절에 물리학 교수님이 하셨던 말씀도 생각납니다.

“별을 연구하는 천문학자 중에는 하나님을 믿는 사람들이 많다.”

저는 목사가 된 지금도 밤하늘의 별 보기를 좋아합니다. 혹여, 시골 깜깜한 곳에서 혼자 차를 운전하고 지나갈 때면 길옆에 차를 세워두고서 별을 한참 바라볼 때도 있습니다.

군대생활 초기 힘든 병영생활을 견디게 해준 힘은 밤하늘의 별을 통해 만날 수 있었던 하나님이었습니다. 지독한 교관,

험악한 소리를 하는 사람들 속에서 별이 주는 감동은 바로 자연을 통해 만나주시는 하나님의 마음이었습니다.

성경말씀만이 하나님의 음성은 아닙니다. 자연에도 하나님의 음성이 있는 것입니다.

여호와 우리 주여 주의 이름이 온 땅에 어찌 그리 아름다운지요

주의 영광이 하늘을 덮었나이다

주의 손가락으로 만드신 주의 하늘과 주께서 베풀어 두신 달과 별들을 내가 보오니

사람이 무엇이기에 주께서 그를 생각하시며 인자가 무엇이기에 주께서 그를 돌보시나이까 (시편 8편 중에서)

봄에는 꼭 한 번쯤 대낮처럼 밝은 도심 하늘 아래를 벗어나 깜깜한 시골의 밤하늘과 그 별들을 바라볼 기회를 가져 보십시오. 그리고, 촉촉한 봄비가 내린 후 초록이 우거진 산야를 꼭 한번 걸어보십시오. 거기에서 만나주실 하나님은 분명 특별한 모습일 것입니다.

제발, 육체의 힘이 소진되기 전, 창조자를 바라볼 다른 눈을 가지시기를 바랍니다.

세 번째 서신

믿음을 설명하려는 것만큼 어리석은 일이 있을까요? 신 앞에서 겸손할 수 있는 능력만이 신앙의 출발점이라고 저는 생각합니다.

현직 아나운서의 신앙 간증을 신문에서 읽은 적이 있습니다. 주변의 부러움을 받으며 평안한 삶을 누리고 있던 그에게 하나님은 믿고 의지할 대상이 아니었습니다. 그런데 어느 날 갑작스럽게 딸이 교통사고로 위급하다는 연락을 받게 되었습니다. 청천벽력이었습니다. 병원에 도착해서 딸을 안고 기도했습니다.

"하나님! 살아계신다면 내 딸을 지켜주세요, 제발 살려만 주세요."

딸은 기침소리를 내며 기적적으로 소생하였습니다. 그에게 있어 믿음이란 어떠한 이론이나 설명이 필요한 것이 아니었습니다.

저에게도 기억하고 싶지 않은 경험이 있습니다. 처음 교회를 개척하던 시절 당시 일곱 살이던 큰아들을 내 차로 친 일입니다.

섬에서 여름 수련회 캠프를 마치고 돌아오는 중이었습니다. 아들은 승합차 앞 사각지대에 바짝 붙어 웅크려 앉아 있었으나 전 그걸 몰랐습니다. 하차하는 교우들과 다른 아이들만 백미러로 확인한 저는 빠른 속력으로 차를 움직였습니다. 차가 순식간에 아이 몸 위를 지나가고야 말았습니다. 몸 군데군데에는 자동차의 오일이 묻고 어린 아들의 정수리에서는 피가 흐르고 있었습니다.

병원에 가보니, 응급처치로 지혈한 정수리 외에는 손가락 하나 상하지 않고 온전하였습니다. 갑자기 움직인 차 밑바닥에서 어떻게 그 어린아이가 온전할 수 있었는지 하나님 외에는 설명할 수가 없습니다. 아들은 아무 이상 없이 무사히 장성하였고, 그날은 똑똑하게 기억하지만, 지금은 감사만 남아 있을 뿐입니다.

인생에선 여러 번의 위기가 찾아온다고 합니다. 저는 그것이 하나님을 만나는 기회라고 말하고 싶습니다. 성직자로 살아가는 저에게도 역시 위기는 많았습니다. 하지만 돌아보면 하나님께 더 가까이 나아가는 기회가 되었습니다. 좋은 기회처럼 보이는 일들도 있었습니다. 그런데 그것이 영적으로는 위기가 될 뻔한 아찔한 경험이기도 했습니다.

지금까지 믿음의 길을 걸어오면서 생각한 믿음이란 이렇습니다.

"출발은 인도함을 따라가는 것이고, 과정은 듣는 노력이며, 믿음은 그의 음성에 말없이 순종하는 것이다."

저는, 하나님이 주시지 않는 것이라면 비윤리적이며 비정상적인 선택은 하지 않겠다는 원칙을 가지고 살아갑니다. 또 한없이 고통스럽고 비극적인 상황이라 해도 그가 주시는 것이라면 결과의 평강을 믿기에 좌절하지 않는 믿음으로 살 것입니다.

그러나 저 역시도, 아브라함처럼 말 없는 순종을 배우는 과정에 있는, 연약한 한 사람일 뿐입니다.

네 번째 서신

아버지가 숨을 거두시기 며칠 전부터 멀리 흩어진 우리 5남매는 한집에 거하면서 아버지와 함께하였습니다. 가끔 생의 이별 현장을 보아왔지만 그때처럼 생생하게 지켜본 적은 처음이었습니다.

운명하시기 이틀 전, 그날은 공교롭게도 어머니와 우리 5남매만 아버지의 침구 옆에 둘러앉아 이야기를 나누게 되었습니다. 수십 년 전으로 돌아간 듯 추억을 이야기할 수 있었던 일곱 명 한 가족의 특별한 시간은, 하나님께서 더 깊은 사랑을 확인토록 마련해준 금 같은 시간이었습니다.

그날 아버지는 고개를 들 힘이 없음에도 몇 차례 고개를 꼿꼿이 들고서는 또렷한 눈길로 모두를 돌아보셨습니다. 저는 이별할 때임을 직감하고 예배 인도를 했습니다.

먼저 이 땅에 우리 일곱 명 가족을 주신 하나님께 감사하였습니다. 그리고 남은 여섯 식구는 가장 먼저 떠나시는 아버지의 손, 발, 얼굴에 손을 얹어 어루만지면서 간절한 마지막 기도를 드렸습니다. 천국에서 다시 만나 행복한 삶을 살자고 웃음의 인사까지 나누며 축복 기도로 마쳤습니다.

사람이 죽으면 그 이후의 절차는 참 복잡합니다. 눈물 속에 염을 하고, 입관하며, 장지를 향하여 발인 과정을 거치며 하관하여 봉분하기까지 여러 날을 보내게 됩니다. 사랑하는 사람을 잃었을 때의 충격과 고통을 치유키 위해 단조로운 장례보다는 복잡하고 긴 장례의 절차가 필요하다는 조언에 공감이 되었습니다.

갑작스러운 죽음일수록 준비가 되지 않아 그 절차는 더 단조로워지기 마련입니다. 그만큼 상처가 큰 경우가 많습니다. 제 선친의 경우는 1년 여간 제대로 움직이지 못해, 가족들이 힘들었습니다. 하지만 시신까지 병원에 사전(死前)기증을 하셨고 모두에게 작은 상처 하나 남기지 않아 감사했습니다.

인생 과정은 역정이었어도 마지막 길이 천국이셨던 아버지의 마지막을 생각하면서 하나님이 남겨주신 교훈을 글에 이렇게 담아보았습니다.

여든다섯 해를 헤이는 동안

흘러가는 시간의 의미도
삶에 대한 야망과 욕심도 없이
아버지는 그렇게 사신 분이었습니다

노래를 좋아했고
손에 주어진 것이면 무엇이든 만들기를 즐겨했고
나무 연장통 등에 짊어지고 팔도를 옮겨다니면서
목수일로 사시었습니다
오직 술이 친구였습니다
그분의 오랜 친구를 나는 단 한 분도 기억하지 못합니다
마지막 숨을 거둘 때까지
어머니마저 그분의 친구가 되지 못하셨습니다

가정적이지 못하시었어도
새끼 강아지 이뻐하는 어미 개처럼 어린 자식 어여뻐하다가
좋아한 술의 훼방자가 될라치면
더 이상 사랑스런 아버지이길 포기하셨습니다

홀로
자유롭게 살다간 분이어서
자신은 자유로웠어도
남에겐 짐을 주어 한없이 불쌍하고 외로웠던 분
존경할 수 없는 아버지여도

그는 우리 핏줄의 통로였기에
자리를 인정하고 잘 섬기고 싶었건만
마음만큼 큰 사랑은 드릴 수가 없었습니다

하나님께서 그를 부르시던 날
뼈만 앙상히 남긴 육체는
마지막 벅찬 숨을 내쉬고 있었습니다

지긋이 고개 들어 바라보는 눈빛은
애처로운 사슴의 눈 마냥 순결하였고
아버지는
고통을 홀로 삼키고 있었습니다

한없이 약해진 그의 육신 앞에서
비로소 나는
용서할 수 있고, 사랑할 수 있고
감사할 수 있었습니다
우리 앞에 그는 십자가로 계셨습니다
하나님께서는 아버지를
무거운 짐으로
우리에게 보내셨습니다

우린 자주 무겁다고

싫어하고 원망도 했었는데
마지막 핏기없이 하얀 얼굴로 가면서는
우리에게 평안과 평화를 보여주었습니다

하나님의 가족으로 살며
그 안에서 살라고
연단의 도구 되고 울타리만 되게 하시다
마지막은

가장 순결한 모습으로
그분의 나라로 옮겨가신
아버지!
다시 볼 수 없는 그 모습 이제 그리운데
…
고맙습니다
사랑합니다
아 버 지!

다섯 번째 서신

그날은 매우 우울한 날이었습니다.

교회 개척을 하던 초창기 어려운 시절인지라 12평의 작은 아파트에 살면서 근근이 삶을 이어갔었고, 계획 없이 갖게 된 셋째 막내 아이까지 있어서 생활 압박은 더욱 컸습니다.

잘 참아내던 아내도 그날은 기도할 힘마저 잃은 듯 깊은 한숨과 그늘을 내리우고 있었습니다. 남편만 의지하며 살아가는 아내에게 다른 것은 몰라도 기본적인 식생활 하나 해결해 주지 못하는 개척교회 목사인 나는 오로지 희생과 인내만을 계속 요구한 것입니다. 그런데 그날은 왠지 아내 앞에 내 모습이 그렇게 부끄럽고 초라할 수 없었습니다. 하나님 앞에 갑자기 하소연을 하고 싶은 충동이 솟구쳐 올랐습니다.

'하나님, 우리는 왜 이렇게 살아야 하는 것이지요?'

원망은 아니었지만, 외롭고 힘든 십자가의 길을 인정하면서 가야 했던 사역자의 하소연이었습니다. 하나님께 계속 마음을 토로하고 싶어서 소리 없이 가방을 챙겨 들고 예배당으로 발걸음을 옮겼습니다. 아무 일도 하지 않기로 작정하고 강단에 올라가 무릎을 꿇었습니다. 성경을 들고 올라갔지만 읽을 마음이 나지 않았습니다. 기도하다가 피곤하면 잠시 눈을 붙였다가, 다시 기도하기를 반복하며 저녁 7시까지 작정하고 간구하였습니다.

"하나님, 지금은 어느 누구에게도 도움을 구하고 싶지 않아요. 많은 돈을 빌려야 하는 것도 아닙니다. 사람에겐 말하지 않겠습니다. 하나님께서 아시니 누구를 통해서든 오늘 저녁 7시까지 꼭 해결해주세요!"

이전에도 이후에도 한 번도 하지 않았던 이런 막무가내식의 기도를 왜 그날은 하려고 했는지 지금도 알 수가 없습니다. 그날은 웬일인지 기도하러 찾아오는 사람도, 걸려오는 전화도 없었습니다. 투정 섞인 기도 때문이었는지 하루 종일 기도했어도 집중해서 드린 양은 합하여도 한 시간이 안 된 느낌이었습니다.

전화벨이 울린 것은 6시가 넘은 시간이었습니다. 늘 걸려오는 전화벨 소리이건만 그날 그 시간의 벨소리엔 다른 소리가 함께 들려왔습니다.

'네가 기다리는 전화란다.'

간절함 때문이었을까요. 어쨌든 그런 기분과 느낌도 처음이었습니다.

수화기에서 들리는 목소리는 나를 잘 아는 분인 듯이 반갑게 이야기하는데, 나는 그 목소리의 주인공을 알 수가 없었습니다. 곧 찾아오겠다는 말에 오는 길을 가르쳐주고 기다리는 30여 분, 나는 그분이 찾아오는 목적과 내가 필요한 물질과의 연관성을 애써 지우려 하면서 만남을 기다렸습니다.

예배당 문이 열리는 소리가 들려 뒤돌아 보았습니다. 잠시 기도하시는 모습에 이내 누구신지 알 수 있었습니다. 2, 3년 전 신우회에서 함께 교제했던 집사님이었습니다. 반가움으로 20여 분 담소를 나누었고, 함께 기도하고 일어서는데 그는 아주 조심스럽게 이 말을 남기셨습니다.

"목사님, 실은 오늘 점심 후 사무실에서 잠시 묵상으로 기도하는데 개척교회 목사님 한 분을 만나 뵙고 싶은 마음을 하나님이 주셨습니다. 사무실 가까이에 저희 교회 부목사님이 개척하신 교회가 있어서 찾아뵈었는데 문은 잠기고 연락할 길이 없었습니다. 돌아서면서 손가방을 들여다보는데 2년 전의 목사님교회 주보가 보이더군요. '아, 오늘은 임 목사님을 찾아보시라는 뜻인가?' 하고 전화를 드렸는데 목사님이 받으셔서 기뻤습니다. 이 봉투는 제가 드리는 것이 아닙니다. 하나님의 편지인데 전 심부름만 했습니다."

애써 고개를 숙이시며 겸손한 모습으로 바삐 떠나시는 집사님의 발걸음을 바라보며 한동안 멍하니 그 자리에 서 있어야 했습니다. 봉투를 열어보지 않았지만 두둑한 만 원짜리 신권지폐의 느낌은 내가 하나님께 마음으로만 계산하며 제시한 금액인 듯했습니다. 소름 끼치는 응답의 선물을 집으로 그대로 가져와서 아내 앞에 내어놓았습니다.

"여보! 오늘 내 기도에 대한 하나님의 응답이에요."

무슨 영문인지도 모르는 아내의 답은 눈물뿐이었습니다. 가난하고 힘든 시절 벅찬 감격으로 어루만져 주시는 하나님의 숨결을 우린 그렇게 느낄 수 있었습니다.

목사라고 하나님의 음성과 손길을 항상 느끼고 사는 것은 아닙니다. 주님이 이런 모습으로 찾아오실 때는 항상 내가 약하고 어렵고 어린아이 같은 순결한 마음을 가지고 있을 때였습니다.

이제는 인위적이고 의도적인 몸짓이나 입술의 표현보다 솔직하고 순수함을 지키려 지금도 노력하는 것은 그렇게 만나는 하나님의 구체적인 손길과 느낌이 그립기 때문입니다.

여섯 번째 서신

중세 수도원시대, 하나님 앞에서 깨끗하게 살고자 했던 수도사들의 묵상록을 옮기며 오늘의 편지를 시작합니다.

오 복된 가난이여
그대를 사랑하고 품는 사람에게
영원한 부를 안겨주는 이여
그대를 소망하는 자에게
하나님은 하늘나라를 약속하시고
영원한 영광과 복된 삶을 주시는
오, 거룩한 가난이여
하늘과 땅을 다스리셨고 다스리고 계시며
말씀으로 모든 것을 만드신 주 예수 그리스도께서
당신을 낮추어 품으셨던 이여

< 아시시의 클라라>

천국에는 가난이 없지만 지상에는 많이 있다
하지만 인간은 가난의 가치를 알지 못했다
그래서 하나님의 아들은 그것을 귀하게 여겨
하늘에서 내려와 스스로 가난을 선택함으로
그 귀중함을 우리에게 일깨워 주셨다

<끌레르보의 베르나르>

저 북한땅이 전쟁을 통해서 통일을 이루려 군비를 확장시킬 때에 가난한 우리나라는 그래도 '우리의 소원은 통일'이라는 노래를 부르며 평화통일에 대한 민족의 소망과 꿈을 갈망했었습니다. 그러나 지금은 통일의 가능성이 훨씬 커졌음에도 많은 국민들이 통일을 두려워합니다. 이유는 우리는 부자이고 저들은 심각하리만큼 가난하기 때문입니다. 그들의 가난이 우리의 부(富)에 당분간 손실을 입힐 수 있을 것이라는 이유입니다. 아마도 통일은 서로에게 물질적으로 큰 이익이 되기까진 요원한 꿈이리라 생각합니다. 통일의 걸림돌은 주변열강 때문이 아니라 어쩌면 준비될 수 없는 우리 자신이지 않을까도 생각합니다.

사람들은 요즘 기독교인의 수가 줄어드는 것을 보면서 그리스도인의 잘못된 행실을 원인으로 지적하곤 합니다. 물론 그렇겠지요. 그러나 다른 이유도 있습니다. 바로 '풍요' 때문입니다. 하나님이 물질적 복을 주시면 그 이후엔 사람들은 거의 어김없이 하나님으로부터 멀어져갔습니다. 어쩔 수 없는 모순입니다. 이스라엘의 역사가 그것을 증명하고, 가장 영화로운 주인공이었던 솔로몬의 삶이 그것을 보여줍니다.

1960년대, 20대의 젊은 나이에 법률가 및 사업가로 동시에 성공한 유능한 사람이 있었습니다. 그는 누구보다도 행복하게 살 능력을 갖고 있었습니다.

그런데 1965년 어느 날 그의 사랑하는 아내가, '이렇게 사는 것이 무슨 의미가 있나요'라고 말하며 의미 있는 삶을 살기 위해 이혼도 마다하지 않겠다고 했습니다.

그는 아내와 의논하여 집 이외의 모든 재산을 정리하여 사회에 환원하고 봉사자의 길로 떠났습니다. 그 후 1976년에 오랜 봉사 생활 경험을 가지고 고향으로 돌아와 무주택 서민들과 빈민들에게 무상으로 집을 지어주는 '국제헤비타트'를 조직하였습니다. 국내에서도 알려진 '사랑의 집짓기 운동'의 밀러 부부에 관한 이야기입니다.

물질이 가져다주지 못할 행복을 바라보고, 다른 인생의 길을 결단할 수 있는 사람은 흔치 않습니다. 저는 세 아이의 아버지로서 내 아이들이 물질적 가치보다는 정신적 가치를 더 소중히 여기면서 인생을 설계하기를 소망하고 있습니다.

중세 수도사들처럼 가난을 예찬하는 것은 아니지만 예전에 이런 시를 써본 적이 있습니다.

청 빈 (淸貧)

아무것 없어
가난하게 살아왔다
무거운 짐을 진 듯 힘든 삶이었다

이젠 있어도
가난이 그리워진다
더욱 무거워진 짐을 벗고 싶기 때문이다

없어서 가난한 것 아니고
있다하여 부한 것 아니다

거지와 수전노의 차이는
자기의 것 없고 있고의 차이

그러나
가난과 청빈은

남을 위해 쓸 것이 없고 있고의 차이이다

물질을 다스릴 수 있음에 행복 있고
물질에 지배됨이 불행이라면

훌훌
짐 벗어버리고
청빈의 삶으로 살아가야 하리

'가난'이라는 것, 그것을 좋아할 사람이 누가 있을까요? 그러나 저는 가난의 가치를 이제야 조금 보고 있습니다. 영의 세계를 말로 설명할 수 없고 눈으로 보여줄 수는 없어도, 지혜로움을 가져서 조금 더 볼 수 있다면 그것은 가난한 자의 몫일 것입니다.

예수님께서는 마태복음 5장에서 여덟 가지의 복을 말씀하실 때 그 안에 단 하나도 물질적인 것을 포함시키지 않았습니다. 그리고 그 첫 번째의 복을 "심령이 가난한 자는 복이 있나니 천국이 저희 것임이요."라고 말씀 하셨습니다. 물론, 여기에서 '가난'은 영적인 가난이지 물질세계에서의 가난을 의미하지는 않습니다.

하지만 마음의 가난, 영을 갈급해하는 심령의 가난은 대개는 물질적 가난이나 육체적 곤고함과 연약함을 가진 자들이 더 얻기 쉬운 것임을 부인할 수 없습니다. 풍요의 시대를 살면서 우리는 계속 풍요할 수 있으리라 생각합니다. 그러나 그렇지는 않습니다.

역사적으로 그러하고, 과학 만능의 현시대에 이미 우리는 살벌한 경쟁을 하면서 불안하게 풍요를 지켜나가고 있습니다. 우리 주변에서 가족이나 친척, 그리고 지인 중에도 떼돈을 번 사람이 한순간에 모든 것을 잃는 것을 볼 수 있습니다.

전도를 하다 보면 마음이 쉽게 열리는 사람들이 있습니다. 중병에 걸린 사람, 죄짓고 교도소에 갇힌 사람, 고된 인생훈련을 경험하고 있는 사람입니다.

부자이면서도 하나님을 잘 섬기는 사람들을 보십시오. 그들은 부자의 복을 얻어서 하나님을 믿게 된 사람들이 아닙니다. 주님께서는 그래서 부자가 천국에 들어가는 것을 낙타가 바늘귀로 들어가는 것에 비유하신 적이 있습니다. 그래도 바늘귀를 통과한 부자가 있다면 그것은 하나님이 주시는 기적에 해당할 것입니다.

당신을 위해 '부자 되세요!'라고 복을 기원하고 싶습니다. 그러나 당신에게 아직 주님이 계시지 않다면 그 기도는 조금 미루고 싶습니다. 복이 될 수 없기 때문입니다. 혹, 가난을 경험하고 계시나요? 가난을 선택할 사람이 거의 없어도 이 땅에서만 경험할 수 있는 것이기에 의미를 찾으시기 바랍니다.

예수님은 우리에게 구원의 선물을 안겨주시기 위해, 가장 부귀하신 분이 가장 가난한 자로 우리 곁에 오셨습니다.

평안을 빕니다.

일곱 번째 서신

간혹 죽음 이후의 세계에 대한 경험을 들을 때가 있습니다. 워낙 비현실적인 이야기여서 듣는 순간부터 반쯤은 마음을 닫아버립니다만, 저에게 소망이 있다면 그 세계를 꿈에서라도 보는 일입니다.

천국을 실제로 보고 왔다는 사람들의 이야기들도 있습니다. 그러나 그런 이야기들에 별로 신뢰를 두는 편은 아닙니다. 바울사도가 천국을 직접 경험한 사람이지만 그는 단 한 마디도 자신이 본 내용을 말하지 않았습니다.

저는 성경이 천국에 관하여 말은 하지만 보여 주는 데 인색하다는 느낌을 받습니다. 그곳은 믿음으로 보아야 하는 곳이지 눈으로 본 것을 표현하고 꼭 들어야 하는 세계는 아닌 것입니다. 그래도 저는 보고 싶습니다. 그 영광의 세계를 맛보고 싶습니다. 그래서 천국을 제대로 보고 온 사람들의 삶에 대해서 저는 관심을 갖는 편입니다. 그런데 그들은 이 세상에 정을 두지 않았습니다. 하지만 누구보다 더 열심히 세상을 살려고 애쓴 삶이었습니다.

바울은 특히 그러합니다. 그는 가정을 이루어 행복을 얻으려는 인간적 소망을 일찍이 포기하였습니다. 그에겐 이 세상에서 개인적 삶과 연관하여 얻고 싶은 것이 없었던 것입니다. 오직 중요한 것이 있었다면 저 세상에서 얻을 것을 위해 이 세상에 남길 것이었고, 자신이 이미 소유한 것을 아직 소유하지 못하였거나 무관심한 이들에게 알려주려고 노력하는 일이었습니다.

바울사도는 자신의 친족과 동족을 무척 사랑했던 사람입니다. 그는 그래서 언젠가 이런 고백을 합니다.

"내게는 큰 슬픔이 있고, 내 마음속에는 고통이 쉴새 없이 밀려옵니다. 나는 내 동포, 내 동족들을 위해서라면 나 자신이 저주를 받아 그리스도로부터 끊어져도 좋다는 각오가 되어 있습니다."

예수님의 수제자가 되었던 베드로가 처음 예수님을 만나는 장면에서 그가 어떤 분인가를 알게 되었을 때 고백했던 말은, "주여 나를 떠나소서 나는 죄인이로소이다" 였습니다.

저도 하나님 앞에 서면 “하나님, 나는 죄인입니다. 나를 불쌍히 여겨 주세요.”라는 고백을 합니다. 만일 하나님을 만나지 않았다면, 그래도 누구와 싸워본 적 없고 욕 한마디 해보지 않았기에 나름대로 깨끗하다고 자부할지 모릅니다. 그런데 예수님을 만나고 나는 누구와 비교하여 더 나을 수 없다는 깨달음과 함께, 나를 품어주시는 그분의 품만이 내가 평안을 누릴 안전 지대라는 고백이 절로 나왔습니다.

하나님나라로 옮겨가는 이들이 죽음에 앞서 약속이나 한 것처럼 “더 사랑했어야 하는데, 여보! 사랑하고 사세요, 우리 아이들 많이 사랑하는 사람으로 잘 키워줘요.” 이런 유언을 남기는 것을 많이 보았습니다. 이제서야 그 이유를 알 것 같습니다.

내가 꿈에서라도 죽음을 경험할 수 있다면, 지금과는 차원이 다른 가치관을 가지고 살 수 있을 것 같아서 한번 경험하고 싶은 바람입니다. 우리가 살아서는 볼 수 없는 죽음 너머의 세상이 허상처럼 느껴지는 분도 계시겠지만, 저는 그 세상을 믿고 있습니다.

내가 아는 것이 부족하고 경험이 없다 해도 믿는 것이 있기에 하나님이 제게 주신 사명인 그 세상을 이야기하며 구원자 예수 그리스도를 소개하고 알려주어야 하는 이 거룩한 부담을 오늘도 안고서 당신에게 이 글을 드려봅니다.

여덟 번째 서신

'식객'이라는 영화에서 진한 감동을 준 장면이 있었습니다. 사랑으로 키운 소가 주인을 위해 죽어가는 장면입니다. 거기서 소의 눈물을 보았습니다. 순하고 슬픈 눈물이 오래 가슴을 때렸습니다.

동물은 종(種) 자체가 순박하고 공격적이지 않은 것들이 있습니다. 하나님께 제사로 드렸던 구약시대의 제물들이 대개는 그런 종류의 짐승들이었습니다. 소나 양, 그리고 비둘기가 그렇습니다.

딸아이가 학교에서 오더니 비둘기 한 마리가 달리는 차에 치어 죽는 모습을 보았다고 마음 아파했습니다. 사람과 가깝다 보니 방어적이지 못해 당한 죽음입니다.

또한 양은 죽음을 받아들이는 모습이 너무도 순결해 눈물이

날 정도라고 들었습니다. 마치 자신은 죽어야 할 것을 다 알고 인정하는 듯 칼을 받아들이는 눈동자가 그렇게 순결하다고 합니다.

'백스터효과'라는 것이 있습니다. 클리브 백스터(Cleve Backster)라는 사람이 발표한, 식물에게 나타나는 현상을 말합니다. 사람이 마음속에서 식물을 베거나 태우려고 마음 먹고 위해를 가하려는 순간, 그 사람의 마음을 인지하여 식물의 전류계는 급격한 상승그래프를 그린다는 것입니다.

이미 과학적으로 드러난 것이어서 우리가 다 알고 있는 것이 있습니다. 지진이나 해일이 있기 이전 쥐 같은 동물들은 미리 그것을 감지하여 피하는 현상이나, 에모토 마사루가 쓴 '물의 메시지'라는 책에서 실험으로 알려져 세계를 놀라게 했던 물의파동현상에 관한 이야기가 그것입니다. 오감을 가지고 사는 인간이지만 어떤 미세한 부분에선 동물과 자연세계를 전혀 보지 못하는 어리석음도 있는 것입니다.

하나님은 우리에게 모든 것을 다 주시지 않으셨습니다. 동식물이 가지는 초감각적 부분은 우리에게 없습니다. 잠시 있다 사라지는 들풀이나 오직 희생을 위해 존재하며 받아들일 줄 아는 소나 양이나 비둘기들이 어떤 면에선 창조주 하나님을 인지하는 능력이 더 클 것이라는 생각을 합니다. 본인의 인지에 의한 선택과 의지가 아닌 처음부터 그렇게 하도록 만들어진 존재일지도 모릅니다.

죄악 많은 세상을 바라보다보면 저는 이런 푸념 섞인 기도를 할 때가 있습니다.

'하나님! 차라리 인간도 저 들의 풀처럼 스스로의 판단과 선택 없이 하나님만을 바라보고 인정하는 로봇 같은 존재로 만들어 주시지 그러셨어요.'

하지만 이것은 하나님 편에서는 '사랑의 선택'이고, 인간 편에서는 '겸손의 수용'이라 할 수 있습니다.

성경은 사람을 '그릇'에 비유할 때가 많습니다. 그중에 '질그릇에 담긴 보화'라는 표현은 인간의 본질을 가장 잘 설명합니다. 질그릇은 사람이고 보화는 그 안에 담긴 가치인데 그릇이 아름답고 가치 있는 것이 아니라 그 안에 담겨있는 존엄과 관계가 보화라고 말하고 있습니다.

그릇에서 아름다움을 보려는 자들은 한결같이 겉으로 드러난 것으로 비교의 우월감을 느끼려 합니다. 그러다가 부수어져 없어질 때가 다가오면 그것이 아무것도 아님을 깨달으며 허망함에 빠져듭니다.

하지만 질그릇에 불과한 자신을 좀더 일찍 보는 자는 그것으로 자랑하지 않습니다. 질그릇에 담긴, 남이 보지 못하는 존재의 보화를 발견하고서 그것을 자랑하고 살기에 하나님 한 분으로 만족하며 그를 즐거워할 줄 압니다.

믿음이란 겉을 꾸미는 것이 아닙니다. 신앙에서 기복(祈福)이 없을 수는 없지만, 그것을 중심으로 삼으면 가장 추한 종교인으로 전락하는 결과를 낳습니다. 살아있는 신앙을 포장만 화려하고 보화는 없는 종교로 만드는 것입니다.

우리나라 고등종교의 역사를 살펴보면 오래전부터 우리 민족이 가진 무속신앙과 기복신앙은 사라지지 않았고, 이후 유입된 모든 종교를 다 무너뜨렸습니다. 줄에 걸리고 독침에 맞아 조금씩 의식을 잃어가다가 줄에 꽁꽁 묶여 움직이지 못하게 되는 거미의 먹잇감처럼 기복신앙은 기독교에서도 가장 중요한 '관계의 신앙'을 빼앗아가 버렸습니다.

부모님과 자녀의 관계에서도 볼 때, 부모로부터 사랑보다 물질을 기대하면 '보호'나 '유산'은 혹 얻게 될지 몰라도 나중엔 '관계'와 '행복'의 더 소중한 것들을 잃을 수 있는 것과 같습니다.

저는 하나님만 기대하는 사람입니다. 풍요를 알아본 적이 없지만 제가 하나님께 드리는 기도는 이러합니다.

"하나님으로 충분합니다. 지금까지 나를 사랑하신 그것으로 충분합니다. 앞으로도 당신을 기대합니다. 나에게 필요한 것이 있다면 그것도 당신께서 아시기에…."

'어린왕자'라는 책에는 이런 글귀가 있습니다.

"중요한 것은 눈으로 볼 수 없다."

그렇습니다. 그 세계는 너무도 중요한 것이어서 눈으로 볼 수 없게 하셨습니다. 마음의 눈을 가진 자만 볼 수 있는 세계, 화려하고 든든한 외양이 아닌 언제든지 조심하지 않으면 쉽게 깨질 수 있는 그릇, 보는 자만이 간직할 수 있는, 보화 같은 믿음의 세계인 것입니다.

평안을 빕니다.

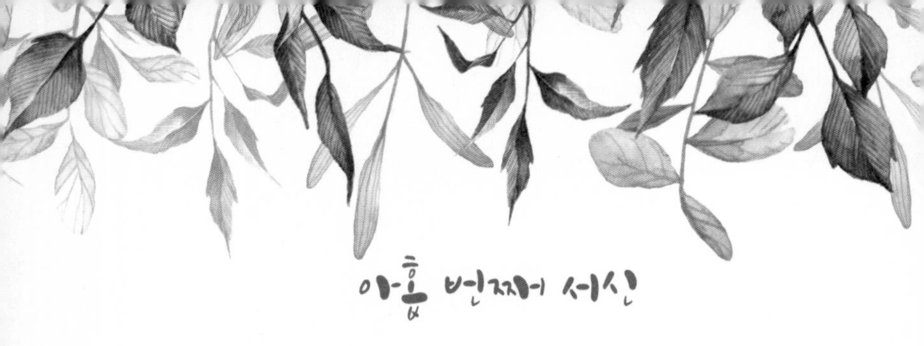

아홉 번째 서신

너, 나, 그리고 우리

당신은 나를 보게 하는 거울입니다
내 안에 계신 하나님이 당신을 통해 비로소 보입니다
당신을 형제로 받아들이고 사랑하고 삶을 나눌 수 있게 되면서
마치 혼탁한 유리 거울을 깨끗이 닦고 나서 보는 온전한 모습처럼
당신은 내 안의 주님을 보여준 거울이 되었습니다.
나는 더 이상 당신으로부터 인정받는 자가 되고 싶지 않습니다
당신에게는 자랑도 하고 싶지 않습니다
부족한 내 모습도 보이고 천진난만한 아이로도 보이고 싶습니다
그때에는 거울된 당신에게서 나와 함께하신 주님을 바라볼 수 있기 때문입니다
당신의 외모는 예전 처음 뵐 때의 그 모습이 아닙니다

언젠가부터 당신에게서 주님의 얼굴이 오버랩되어 나타납니다
당신을 보면서 주님을 바라볼 수 있게 되었습니다
더 사랑할 수밖에 없고 그래서 더 함께이고 싶은
당신은 지금 바로 나의 사람이고 가족입니다
나와 너, 너와 나 그리고 우리
당신이 바로 나이고 내가 너이게 할 수 있을 때이면
표현하지 않아도 눈빛 하나로 말할 수 있고
당신이 나의 거울되면 나도 당신의 거울이 될 수 있을 터
주님은 그 안에서 '우리'가 되십니다

가을이어서인지 사람이 그립습니다. 이 세상을 먼저 떠나간 이들이 기억납니다. 어젯밤 꿈에 본 오래전 얼굴이 떠오릅니다. 내 가까이 있는 이들이 소중해집니다. 잃어버렸던 사람들도 다시 찾고 싶습니다.

하나님께서는 저에게 사람찾는 관심을 주셨습니다. 내 사람이 아닌 하나님의 사람을 찾고 부르게 하는 관심입니다. 모르는 사람들에게 하나님의 사랑을 외치는 길거리 전도자들의 심정이 이해되고 또, 용기 있다면 그렇게라도 하고 싶은 충동을 느낄 때도 있습니다.

그러나 한편, 내 안에 보배로운 진주가 있는데 그것은 가볍게 아무에게나 줄 수 없는 것이라서 꼭꼭 싸고 감추며 아름답

게 포장하여서 그 사람이 꼭 필요로 할 때에 전해주고 싶은 심정을 저는 가지고 있습니다.

다른 사람만 찾는 것은 아닙니다. 때로는 나 자신을 찾고 발견할 때도 있습니다. 돌이켜 보면 진정한 나의 발견은 나를 보아서가 아니라, '너의 발견'을 통해서였습니다. 왜 예수님께서 네 이웃을 네 몸과 같이 사랑하라 하셨는지 이해됩니다.

너를 바라볼 때에 비로소 나를 발견할 수 있고, 거기에서 하나된 '우리'는 공동체가 되었습니다. 기독교 신앙이 아니라 하여도 역사 속에 민족을 위해 산화한 열사들의 삶의 모습 속에서 그것은 발견할 수 있습니다.

안중근 의사의 사고세계는 꽤 깊었습니다. 그에게 있어 큰 '우리'로서의 민족과 나라는 바로 자기 자신이었으니까요. 타인을 사랑하다 보니 자신을 사랑하게 되고 사회와 민족을 사랑하게 되며, 이를 위해 목숨까지도 바칠 수 있게된 사랑인 것이지요.

이런 가치를 알고 느끼도록 우리의 마음속에 생각과 감각을 넣어주신 이가 하나님이심을 아시는지요. 인간의 창조에서 가장 중요한 것은, 재료로서의 흙이 아니고 생기가 아니며 바로 '하나님의 형상'을 담은 가치입니다.

거울 앞에선 하나님의 모습에서 거울 이면의 상(像)은 바로

'나'입니다. 하나님은 자신의 형상을 따라 지은 나를 바라보며 자신을 보듯 기뻐하십니다.

그 거울 속 자신인 내가 하나님을 가장 잘 나타내주면 기뻐하시고 그렇지 아니하면 슬퍼하시는 것입니다. 거울 속 모습인 내가 하나님과 상관없는 삶을 산다 하여도 하나님은 그 안의 나를 통해 자신을 보려고 하십니다.

어떤 이들은 주인이신 하나님을 의식하면서 그의 모습을 형상대로 보여드릴 줄을 알고 거기에서 기쁨을 찾고자 합니다. 제 안에 그 기쁨이 조금 있다는 것을 말씀드린다면 이해하실런지요.

열 번째 서신

베드로와 요한이라는 두 제자가 성전에 기도하러 가다가 앉은뱅이 걸인을 발견하고서 그에게 다가가서는, '나는 돈이 없습니다. 그러나 내가 줄 수 있는 것이 이것입니다. 나사렛 예수 그리스도의 이름으로 걸어가시오!' 하며 그를 일으켜 세웠습니다.

이 내용을 읽으며 세상에는 두 종류의 사람이 있겠다고 생각하게 되었습니다. 아무것도 할 수 없는 자로 존재할 수 있고, 한편 많은 것을 할 수 있는 자로 살아갈 수 있다는 것입니다. 내가 걸인의 입장이라면 베드로와 요한을 만나서 달라질 수 있을 것이고, 내가 베드로나 요한의 입장이 되어 앉은뱅이를 만나면 그를 도와줄 수 있습니다.

저마다 사는 모습이 다 다릅니다. 내게 힘이 있고 재능이 있고 돈이 있다면 자신감과 자존감으로 능동적인 삶을 살 수 있을 것입니다. 반면 남이 주는 것으로 살아야 한다면 때론 모멸감이 있고 사는 맛을 느끼지 못할 수도 있을 것입니다.

한 인생은 자존감을 가지고 살지만 반대편의 인생은 열등감에 젖어 살아가기 때문에 한쪽은 행복하고 한쪽은 불행할 듯한데 꼭 그렇지는 않습니다.

베푸는 자로 한껏 자신을 높이는 삶도 남을 통해 받을 사랑이 없다면 혼자일 뿐이고, 한없이 낮은 자로 살며 얻어먹고 사는 삶이어도 베풀 정이 있다면 자족할 수 있는 것입니다.

또 다른 두 인생을 주시하여 보시라고 권하고 싶습니다. 세상 것으로 사는 인생과 하나님 주신 것으로 사는 인생의 차이입니다.

성전 문에 앉은 이 걸인은 지금까지 오직 지나가는 사람들의 동냥만을 기대한 채 살아왔을 것입니다. 그의 눈빛은 동정의 태도를 주시할 뿐이었습니다.

이런 자세는 비단 이 앉은뱅이뿐만이 아니라는 생각을 해봅니다. 사업이나 장사하는 사람을 만나보면 오직 그들의 관심은 걸인이 가졌던 눈빛처럼 이익이나 판매에 있을 뿐입니다.

한편 하나님을 늘 인정하며 기대하고 사는 사람들은, 현재 자신이 가진 것에 자족하고 관심을 두려 합니다. 그리고 그것으로 무언가를 하려합니다.

계산대에서 일하는 한 자매는 그가 좋아하는 감동적인 글들을 모아서 습관적으로 복사하여 자기의 계산대를 지나가는 사람들에게 상냥한 인사와 함께 건네주었습니다.

여러 날이 지났을 때 이 자매의 계산대에는 다른 계산대의 두 세배의 사람들이 차례를 기다리며 서 있었습니다. 사람들은 친절한 미소와 따뜻한 한 장의 글을 받고 싶었던 것이며, 그들은 이 가게의 든든한 고객이 되고 있었습니다.

당신에게 있는 것이 무엇입니까? 또 당신에게 없는 것이 무엇입니까? 내 안에 있는 것을 보지 못하기에 내게 없는 것이 커 보일 수 있습니다.

노만 빈센트 필 박사가 이런 도전적인 말을 던진 적이 있습니다.

"하나님은 쓰레기를 창조하지 않았다."

너무도 정확한 말입니다.

당신에게 하나님이 주신 것은 무엇입니까? '능력'은 하나님이 주신 그 무엇이 내 안에서 창조력으로 발휘될 때 나타납니다. 사람은 처음부터 그 능력을 발휘하지 못합니다. 재능이나 노력에 따라서 그것이 빠르고 늦은 차이가 있습니다만 과정 없이 이루어지지는 않습니다.

하나님이 내게 주신 것은 준비되어야 하고 노력과 수고를 통해 드러나야 합니다. 없는 것에 연연하지 마십시오! 있는 것에 만족하며 사셔야 합니다.

정신적인 충만은 내 안에 있는 것을 끌어내는 힘이 있습니다. 그래서 삶에서 자신감과 열정은 중요합니다. 그러나 우리가 더욱 중요하게 보아야 할 것이 영적 충만입니다. 정신적 충만이 내 안에 있는 힘을 끌어내는 힘이라면 영적 충만은 나와 함께 하시는 하나님의 초자연적 힘을 끌어냅니다. 이것은 자신감과는 다른 힘인 것입니다.

오늘도 평안을 빕니다.

CHAPTER 2
사랑

열한 번째 서신

위대한 인물에게서 나타나는 삶의 주제는 항상 '사랑'이었습니다.

우리 역사 속에서 '위인'하면 거의 틀림없이 세종대왕과 이순신이 등장하는데, 그들의 삶은 오직 백성들에 대한 눈물겨운 사랑으로 가득 차 있었습니다. 무엇이 되고자 하기보다는 주어진 위치에서 나라를 사랑하고 백성을 섬기는데 온몸을 바친 소중한 우리 민족의 성현들입니다.

한글을 창제하신 세종대왕에게서 특히 감동받은 부분이 있습니다. 저는 지금까지 우리의 위대한 글 '한글'이 집현전 학사들의 노력에 의한 결과물로만 알고 있었습니다. 그런데 관련 문헌과 시대 배경을 보는 중 이에 관한 깊은 연구를 한 전문가들의 결론은 한글은 세종대왕 개인의 무서운 연구 결과물이라는 것입니다.

백성에게 필요한 글을 만들어 주기 위해 그가 바친 열정은 실로 엄청났습니다. 조선 최고의 언어학자였던 대왕께서는 중국과 일본에까지 사람들을 보내어 관련 서적들을 입수하고는 거의 홀로 연구에 몰두하였습니다. 후에는 그 작업을 위해 거의 모든 국사는 정승들에게 맡겨두고 자신은 한글 만들기에 매달린 것을 볼 수 있습니다.

중국의 눈치를 보는 조정 대신들이나 일부 집현전 학사들의 반대 입김을 강한 논리와 권위로 잠재우는 장면에서 백성에 대한 사랑과 그로 인하여 솟구쳐 나오는 열정을 보게 되었습니다. 그는 이 과정에서 건강도 많이 잃게 되어 오래 살지 못했습니다.

사람에게 인기를 주는 이야기는 통속극이나 전쟁의 영웅담입니다. 드라마의 매력적인 주제가 그래서 이런 개인적 사랑 이야기나 지나치리만큼 권모술수가 자행되는 난세를 다루고 있습니다.

남녀 사이의 불같은 사랑도 결혼 이후까지 같은 모습으로 이어가는 경우는 드물다 합니다. 결혼을 향한 본능적 사랑은 그 자체가 유토피아적 추구이고 경험이기에, 그 과정이 끝나 삶의 현실에 자리를 깔게 될 때면 심리적으로 다른 반응을 드러낸다는 것입니다. 진정한 사랑은 어두운 그늘까지의 사랑이어야 하며, 또 가정을 뛰어넘어, 이웃까지여야 합니다.

저는 결혼하기 전 아내와 4년 동안 먼 거리에 떨어져 있으며 거의 편지로 교제를 나누었습니다. 수백 통의 편지를 딸이 정리했는데, 들추어보며 깊은 사랑을 나누었던 추억을 다시 떠올려 보고 있습니다. 그러나 결혼을 하고 20년쯤 지난 지금에 와서 깨닫는 것이 있습니다. 결혼 이후의 사랑이란 연애 시절과는 달라서 표현과 노력에 의해서만 유지되고 깊어지는 것이라는 점입니다.

저는 목사가 된 것을 무척 큰 행복으로 생각하는 사람입니다. 큰 교회를 이루어보지 못하였고 큰 교회로부터 부름 받아 보지도 못하였습니다. 그러나 그런 자리에 있게 된다면 나같이 부족한 자는 그렇게 많은 성도를 예수님과 같은 마음으로 섬길 수 없으리라는 것을 주께서 아셨기에 막으시는 것이라고 믿고 있습니다.

목회는 '사랑'이라고 생각합니다. 그런데 아직도 그것이 부족합니다. 그래서 저는 저의 닉네임을 '작은 목자'로 쓰고자 했습니다.

예수님은 이 세상에 오셔서 33년이라는 짧은 생을 사셨습니다. 그는 난세의 영웅도 아니었고, 멜로의 주인공 같지도 않았습니다. 그런데 그는 한 사람을 사랑하신 것이 아니고 모두를 사랑하기 위해 자신의 전부를 내어주신 분이었습니다.

그의 말씀은 당시 어느 누구에게서도 들을 수 없는 능력 있는 말씀이었습니다. 그러나 성경은 그 많은 말씀을 다 담아놓고 있지는 않습니다.

요한사도는 "예수의 행하신 일이 이외에도 많으나 만일 낱낱이 기록된다면 이 세상이라도 이 기록된 책을 두기에 부족한 줄 아노라"라고 말했습니다.

그는 많은 말씀을 하시고 많은 이적을 행하려고 오신 분이 아니었습니다. 오직 하나 희생의 제물이 되기 위해 즉, 가장 큰 사랑을 인류에게 던져 주기 위하여 오셨습니다. 그런 점에서 예수님은 인류의 성현이 맞습니다. 그러나 사람의 아들 예수로만 그를 보게 된다면 얻을 것은 너무도 적고 초라한 것이 되고 만다는 것을 아시는지요. 예수님이 믿어지지 않는다거나 믿고 싶지 않을 때는 우리는 얼마든지 논리적으로 피해갈 수 있습니다.

현실은 나를 가두어버리는 감옥이라는 생각이 듭니다. 현실의 논리 안에 있으면 나는 그 안에 갇혀버리는 것이지요. 믿음을 통해 현실 밖을 주시할 때에만 그것은 나를 끌어올려 다른 세계를 보게 하고 나를 비로소 영적인 사람이 되게 만들어

줍니다.

사랑도 그렇습니다. 이기적인 사랑이 있는가 하면 이타적인 사랑이 있습니다. 가족 안에 갇힌 좁은 사랑이 있는가 하면 핏줄을 넘어서 심지어 원수까지도 사랑하는 차원 높은 사랑이 존재합니다.

필요와 이익 앞에서는 이웃도 없는 것처럼 행동하는 우리에게 인류를 위해 죽으신 예수 그리스도의 사랑이 진정 마음에 와닿을 수 있는 것일까요?

바울이라는 인물도 처음엔 그랬습니다. 당대에 가장 똑똑하고 촉망받던 바울(원래의 이름은 사울)은 예수를 믿는 자를 잡아 옥에 가두며 죽이는 데 앞장서다가 다마스커스로 향하는 길목에서 자신이 그렇게도 배척하던 예수님을 극적으로 만나게 되었습니다. 예수의 사랑 앞에 무너져내린 그의 가슴은 이후 자신이 가진 육체적 자랑이 될만한 모든 것을 내려놓게 되고 구원의 복음을 전하는데 생명을 바치는 것을 주저하지 않는 인생으로 뒤바뀌고 말았습니다.

저는 비판적인 사람들을 그리 좋아하지 않습니다. 비판은 필요한 것이지만 비판적이 되면 사랑이 식어가는 것을 제 안에서도 발견하기 때문입니다.

이야기 하나를 전하고 글을 맺겠습니다.

작은 마을에서 살던, 한 소녀의 배가 불러왔다. 임신이었다.

마을 사람들은 소녀를 비난하였다. 아기 아버지가 누구냐며 저마다 짐작하고 확신하기도 하였다. 가족들조차 소녀를 비난하고 추궁하였다. 소녀는 이를 견디기 어려워서 이렇게 말하였다.

"아기 아버지는, 성당에 사시는 신부님이예요!"

사람들은 이번에는 신부를 비난하였다. 있을 수 없는 일이라고 말하였다. 그들은 신부에게 몰려가서 따졌다.

"소녀가, 신부님이 아기 아버지라고 말했어요!"

신부는 길게 대답하지 않았다. 변명도 하지 않았다.

"아, 그래요?"

사람들은 신부를 매도하고, 비난하였다. 하지만 신부는 아무 반응도 보이지 않았다. 그저 침묵할뿐이었다.

그러다 어느날, 마을을 떠났던 청년이 다시 돌아와 소녀와 결혼을 하였다. 사람들은 그제서야 청년이 아기의 아버지라는 사실을 알게되었다. 사람들은 신부에게 가서 사과하였다.

"신부님! 우리가 잘 몰라서 실수를 하였습니다. 아기의 아버지가 나타났어요!"

신부의 대답은 여전히 같았다.

"아, 그래요?"

열두 번째 서신

저는 요즘 작가 이철환 씨의 '연탄길' 시리즈를 읽고 있습니다. 실화를 찾아 그만의 언어로 짧은 글 속에 깊은 감동을 담아 전해주고 있는데 그 모든 주제는 '사랑'입니다. 그런데 모두가 가난한 사람들의 이야기이고, 아프고 상처받은 이들의 삶이 녹아 있습니다. 부유한 사람들에게 사랑이 없는 것이 아닐진대 왜 짠한 사람들의 이야기가 눈물 짓든 깊은 감동을 주는 것일까요?

제 이야기도 잠깐 하고 싶습니다.

오늘 오전 저는 85세의 연로하신 어머님과 단둘이 마주 앉아 40년도 더 된 옛날이야기를 꺼내 보았습니다. 시골에 그나마 가지고 있던 작은 집 하나를 정리하고 서울로 올라오신 이후에 어머님은 부쩍 힘이 없어 보였습니다. 그런 당신에게 참

담하리만큼 힘들고 어려웠던 옛날로 다시 시계를 돌려 보고자 했던 것은, 나 역시 아들로서 함께 힘들었던 그때의 일을 추억하며 대화를 통해 위로 하고 싶은 까닭이었습니다.

알코올중독으로 온 가족을 힘들게만 하셨던 아버지를 피해, 5남매를 키워내기 위한 고육지책으로 어머니는 주변 분의 도움을 받아 자식들을 데리고 멀리 피신하여 홀로 10년을 사셨습니다.

불현듯 어머님은 내가 알지 못했던 이야기 하나를 꺼내 놓으셨습니다. 무서우리만큼 산다는 것이 짐이었던 그 세월에, 어렵게 모은 거금 11만 원으로 재봉틀 하나를 구입하셨습니다. 당시 싯가로 시골의 집 한 채 값에 해당하는 값이었습니다. 이 재봉틀은 유일한 생존의 끈인 삯바느질을 위한 자산이었습니다.

그런데 아버지가 수소문을 하여서 우리가 살던 집을 찾아오셨고, 그날 저녁 만취한 모습으로 온 가족을 공포로 꼼짝 못하게 하고서 하신 행동은 망치로 밤새 재봉틀을 부속하나도 쓸 수 없도록 부수어 버린 일이었습니다.

그 험한 시절, 지친 환경 속에서도 살아남을 수 있었다는 것은 기적입니다. 어머님을 살게 했고 우리를 흩어지지 않고 견디게 한 힘은 신앙이었고 주변의 사랑이었습니다.

지금 감사하는 것은, 미워할 수밖에 없고 원망할 수밖에 없는 환경 속에서도 그랬기에 더 사랑할 수밖에 없으며 용서할 수밖에 없는 이유를 체득하게 되었다는 점입니다.

사랑하지 않으면, 그리고 용서하지 않으면 이 세상이 더 살아갈 수 없는 곳이라는 것을 알게 되면 그렇게 됩니다. 그것은 아직 세상을 알기 이전 하나님을 바라보며 기도할 수 있던 어린 마음이 가진 재산이었다고 생각합니다.

세상을 아름답게 하고 행복하게 할 수 있는 힘이 '사랑'뿐이고, 그 사랑의 참 가치는 넉넉함에서가 아닌, 부족함이며, 고통이며, 희생에서 온다는 것을 하나님은 아십니다. 그래서 튼튼한 콘크리트를 만들기 위해 속에 돌을 집어넣듯, 슬픔으로 우리의 눈물을 짜내셨고 아픈 가시들을 철근처럼 얽어 박아놓으셨습니다.

그러나 죄는 그나마 남은 사랑까지 좀먹습니다. 사람은 죄의 본성을 더 강하게 가지고 있어서 내버려 둔다면, 그리고 그것이 발각될 염려가 없고 책임질 필요가 없다는 확신이 들게 된다면, 옳은 일보다는 그릇된 일을 훨씬 많이 한다는 이야기를 들은 기억이 있습니다.

내가 그렇게 행동하지 않을 환경에 있었다는 현실이 감사의 제목이 됩니다. 그리고 그것은 내 인생의 수레바퀴를 돌리시는 그분이 이끌어 주실 수 있는 일이었습니다.

지금도 저는 순간순간 이런 기도를 합니다.

"하나님, 세상이 싫습니다. 죄가 많아서 싫습니다. 나도 죄인으로 살 수밖에 없는 것이 싫습니다!"

요즘 세상이 돌아가는 것을 보면 경제발전 논리에 평화와 사랑의 주제들은 늘 뒷전으로 밀리는 인상을 받습니다.

그래도 세상의 소망은 사랑밖에 없습니다.

영원한 세상을 바라보고 믿음으로 구원 얻는 일이 가장 소중한 것임을 알기에 저는 지금도 목사의 길에 만족하며 걸어가고 있습니다. 그러나 저세상이 영원이라 해도 그곳이 사랑으로 충만한 나라가 아니라면 무슨 소망을 갖겠습니까?

말기 암 환자들은 그들이 지금까지 어떤 삶을 살아왔는가에 상관없이 죽음을 앞둔 시점에서는 이상하게도 비슷한 고백을 한다 합니다.

"좀 더 사랑하고 살걸…."

이제는 고통 많은 세상을 떠나 영원히 사랑만 하고 살아야 할 사람이기에 부족한 사랑으로 산 이 세상을 떠나면서 남기는 후회인가 봅니다.

영원을 보지 못하는 이들은 아마도 산다는 것이 의미하는

'사랑'을 이제 해볼 기회 없이 삶이 끝난다는 것에 대한 회한(悔恨)이겠지요.

우리 더 사랑하고 삽시다.

더 많이 사랑의 일을 하고 삽시다.

열세 번째 서신

어머님이 제 곁을 떠나가신 지 달포가 되어갑니다.

떠나시고 지금까지 저는 생애에서 가장 바쁜 날들을 보내었습니다. 새로이 시작한 일에 붙잡혀서 개인 경건 생활을 유지하기도 힘들고, 집은 말 그대로 하숙집처럼 잠만 자고 나오기 일쑤입니다. 주변에는 이렇게 살아가는 사람들도 많다는 걸 알게 되었고 이로 인하여 그들을 이해할 기회를 얻었습니다.

이제야 어머니를 생각합니다.

저에게는 두 분의 큰 스승이 있습니다. 그중 한 분이 돌아가신 어머님이십니다.

5남매 중 막내로 자란 터라 귀염과 사랑을 특별히 많이 받았으리라 생각하겠지만 제 기억에 어머님은 현명하신 분이셔서 차이나게 자식들을 대하며 양육하지 않았습니다. 제일 손 위의 큰 누님에게만 엄격하셨을 뿐 나머지 자녀는 거의 잔소리 없이 바라보아 주셨습니다.

인간적으로 보면 어머님처럼 불쌍하신 분도 찾기 힘듭니다. 영리하고 똑똑하신 분이셔서 어디에서 누구에게나 인정받는 자리에 있었건만 선친이 병을 앓다 일찍 떠나셔서, 결국 가세는 기울고 어머님은 가난에 익숙한 삶을 살아야 했습니다. 그러나 오직 신앙의 기쁨 하나로 인생의 발걸음을 밝게 옮겨가셨습니다.

어머니는 자신의 인생을 자신의 힘으로 주장하고 이끌어 가실만한 능력이 있었음에도 그러지 않으셨습니다. 좋은 기회마저 다 놓치시며 교육도, 직업도, 결혼까지도 남이 인도한 방향으로 가셨습니다.

아버지와의 결혼은 가장 이해되지 않는 부분입니다. 얼굴도 모르고 결혼하는 것이 다반사인 시대였지만, 어머님 개인으로만 본다면 그것은 큰 불행의 시작이었다 할 수 있습니다. 사리분별력이 있으면서도 주어진 현실 앞에선 자신을 위한 결단을 해보지 못한 바보 같은 분이셨습니다. 부부의 연을 깨뜨리지 않고 그렇게 사신 이유가 신앙 때문이었고 당신의 삶은 오로지 희생의 자리에만 내던져야 했던 것은 5남매 자식을 포기하지 않으려는 몸부림이었습니다.

희생이란, 자신의 선택인 것 같지만 생명을 위해 하나님이 선한 부담으로 안겨주시는 기회라고 저는 믿고 있습니다. 아비가 희생하든 어미가 희생하든 아니면 함께 희생하든 희생이 있으므로 생명은 유지되고 번성하는 것이 하나님이 지으신 만물의 생존 원리입니다.

알을 많이 낳아도 그중 일부만 살아남는 자연을 통해, 인간의 생존은 결코 자신이 똑똑하고 잘나서가 아니라 희생에 기반을 두고 있음을 느낍니다.

그러나 현대의 개인주의와 이기주의적 삶의 방식은 이러한 희생의 원리를 이해하거나 용납하지 않습니다. 그러나 그 이기적인 주장을 바른 것으로 받아들인다면 세상은 순환하지 못합니다. 내 자유와 필요를 위한 선택의 결과는 지금 가정파괴와 출산율 저하를 초래하고 있습니다. 어떤 자녀들은 힘든 일이 닥쳐오면, 자신에게 주어진 인생을 소중하게 여기기 보다는 부족하거나 성공하지 못한 부모를 원망하며 한탄하기도 합니다.

어머님의 전체 삶을 여기에 다 말할 수 없습니다. 당신은 돌아가시기 10년 전부터 시신 기증 의사를 밝히셨습니다. 아버지의 마음까지 설득시키셨고, 자식들의 동의를 얻어 두 분이 함께 전남대학교 해부학 교실에 사전(死前) 시신기증을 하시었습니다.

제 인생에는 또 한 분의 스승이 있습니다. 그분은 어머니에 앞서 50일 전 하나님의 품에 안기신 아버지이십니다.

그분은 저의 반면교사(反面教師)입니다. 술과 담배는 절대 시작해서도, 보아서도 안 된다는 것을 알코올중독의 삶을 통해 확실히 보여주었습니다. 자기관리를 못 하고 대책 없는 인생을 살아서는 안 된다는 것을 가르쳐 주었습니다. 절대로 이런 남편이 되어서는 안 된다는 것을 철저히 피부로 느끼게 하신 분이 아버지이십니다. 또한, 그런 아비가 되려면 차라리 자식을 낳아서 키울 생각일랑 하지 말 것을 알려주기도 했습니다.

무엇보다도, 하나님 없는 삶이 얼마나 이기적이며 헛되고 무의미한 것인가를 알려주었습니다.

아버지가 세상을 떠나시기 10년 전 저는 자식인 내 손으로 그분의 머리에 안수하며 세례를 베풀었습니다. 성경은 '불 가운데서의 구원'이라는 말로 창조주 하나님을 위해서 아무것도 한 일 없이 자신만을 위해 살다가 마지막 입술로만 시인

하고 구원 얻어 천국 가는 인생을 표현하는데, 아버지는 바로 그런 분이셨습니다.

그것만으로도 한없이 감사합니다.

저는 아버지를 한 번도 원망한 적이 없습니다. 그리고 사랑했습니다. 이유는 딱 하나입니다. 하나님이 나를 이 세상에 보내시기 위해 허락하신 통로였으며 무엇보다도 내 인생의 기막힌 반면교사이셨기 때문입니다.

인생에는 인도자가 되어줄 특별한 스승이 필요하고 좋은 선배가 필요하며 이끌어 주고 있는 좋은 후배가 있어야 한다고들 말합니다만 저에겐 딱히 내세울 스승이 없습니다.

어린 시절 상처라면 상처일 수 있는데, 힘든 시절에 생존을 위해 끼니 때울 곳으로 소낙비 피하듯 보육원에 몸담고 살았습니다. 거기서 늘 무섭기만 했던 원장님의 존재가 윗사람에 대한 회피심리를 안겨주었습니다. 그것이 스승에게 다가서지를 못하게 한 원인이 아니었나 생각을 해봅니다.

돌아가신 어머님께 드리는 글입니다.

평생 당신은 짐을 지셨으면서
왜

남에겐 조금도 지워주지 않고자 하셨습니까?
잘 죽게 해달라고
기도부탁 하시더니
꼭 이렇게 가셔야만 했습니까?
아버지 먼저 보내드리시고
짐 없는 자유로움으로 일 년 만이라도 계셔주시라 기대했는데
그마저 짐이라고 떠나시려 하셨습니까?
홀로 흘리신 뒤의 눈물을 하도 많이 보아서
지금 이 이별은
서러울
너무 서러울 뿐입니다.

사랑하는 어머니,
한순간도 흐트러짐 없이
믿음의 길 안내자 되어주어 감사하고
모진 가난 속에서도
오남매 흩어지지 않게 지켜주어 감사하고
상처 줄 혀가 아닌
위로하며 들어줄 귀의 소중함 보여주어 감사하고
잔소리와 질책보다 칭찬과 이해로 믿어주어 감사하며
마음껏 못한 사랑이요 효(孝)이지만
우리 곁에 지금까지 오래 살아주어 감사합니다

‘다 이루었다’ 하신
주님의 마지막 말씀처럼
‘주님 부르시면 이제 가야지’ 하시는 긴 고통 속의 말씀은
우리에게 남겨주신 마지막 유언입니다
우리 또한 주님 부르시면
그때 다시 함께하러 가겠습니다.

저의 편지 읽어주셔서 감사하며
잊지 않고 늘 기도하겠습니다.

열네 번째 서신

시골에서 두 소년이 화가의 꿈을 품었습니다.

하지만 도시에 나가 그림을 배울 형편이 허락되지 않자, 그들은 이렇게 약속했습니다.

"화가가 되고 싶지만 우리에겐 힘이 없어. 그러나 우리 중 한 사람이 수고해서 먼저 도움을 줄 수 있다면 시간은 늦어지겠지만 불가능하지만은 않을 거야!"

굳은 약속이었습니다. 한 친구는 도시로 떠나고 다른 한 친구는 고향에 남아 일하며 친구를 지원했습니다.

그림을 배우는 일은 그리 쉬운 일은 아니어서 최선을 다하였지만 많은 세월이 필요했습니다. 그리고 드디어 그림을 배운 친구가 빚을 갚아야 할 때가 되었다고 생각하게 되었습니다. 고향으로 돌아온 화가는 가장 먼저 친구의 집으로 발걸음을 옮겼습니다.

미안하기만 했던 마음에 얼른 들어갈 수 없었던 그를 이끄는 것은 희미하게 불 켜진 친구의 방이었습니다. 그 방의 창문을 통해 그가 본 것은 성스럽게 두 손 모아 기도하는 모습이었습니다.

그리고 이어 그의 귀에 이야기하듯 들려오는 기도가 있었습니다.

"사랑하는 하나님, 그림을 배워 화가가 되고픈 소망 때문에 여기까지 왔습니다. 그러나 이제 내 손은 너무 거칠고 굳어졌으며 열정도 예전만 못합니다. 그리고 그림을 시작하기엔 너무 늦은 것 같습니다. 주님, 그래도 나에겐 농부의 일에 만족과 행복을 주셨으니 내 몫까지 더하여 내 친구를 훌륭한 화가로 만들어 주옵소서! 나의 소망은 이것입니다."

자신을 위해 기도하는 친구의 음성에 소리 없는 눈물로 바라보면서 화가는 그 기도하던 손을 화폭에 담았습니다. 마디는 굵어지고 거칠어진 그러나 그 어떤 손보다 아름다운 '기도하는 손'이었습니다.

수십 년 전 캐나다로 이민 갔던 친구는 나에게 알브레히트 뒤러의 '기도하는 손'에 얽힌 이 이야기를 소개해 주면서 그림이 담긴 카드 하나를 선물로 보내왔습니다. 그 카드에 적혀있던 문구를 지금도 잊지 않고 있습니다.

"You are always in my prayers."

(넌 항상 내 기도 안에 있어.)

까마득히 지나버린 일이어서 그가 지금 어디에서 살고 있는지 알지 못하지만 기도의 관계성 때문에 지금까지 소중한 영적 친구로 남아 있습니다.

누군가가 나를 위해 기도하고 있다는 사실 앞에 싫다거나 기분 나빠할 사람은 아무도 없습니다.

뒤러가 실제로 자신을 위해 기도하는 친구의 손에서 영감을 받고 그 그림을 그렸다면 아마도 이 그림의 생명력은 표현의 기술을 뛰어넘는 감동에 있을 것입니다.

얼마 전 오르쉐미술관이 소장한 밀레의 '만종'이라는 너무도 유명한 그림을 직접 본 적이 있습니다. 그 감동은 좀처럼 사라지지가 않습니다.

크지 않은 화폭에 담겨있는, 해 질 녁 하루 일을 다 끝내고 조용히 머리 숙여 기도하는 부부의 경건한 모습엔 무언지 모를 신비감이 있어서 다른 유명한 그림들이 있었지만 쉽게 그 자리를 떠나지 못하게 하였습니다.

창세기 24장 끝부분에 보면 아브라함의 아들 이삭이 들에서서 기도하고 있는 모습이 나옵니다. 그의 마음속을 채우고 있는 것은 이제 자신과 평생을 함께할 신부에 대한 기다림입니다. 그 기도하는 장소가 바로 평시 일하는 들녘이며 신부가 오는 길목이었습니다.

기도로 만나 평생을 행복으로 산 '이삭과 리브가'의 가정을 보며 닮고 싶은 마음에 제가 짧게 써본 글입니다.

처음 본 신랑은
자신을 기다리며 들에서 기도하는 모습이었습니다

신랑에 대한 첫 느낌은
묵묵히 순종만 하는 효자였습니다

그와 함께 살아가며 감내해야 했던 고통은
양보와 희생과 손해였습니다

그러나 후에 사람들에게서 들은 말은
'하나님이 그와 함께하심을 보았노라'였습니다

'나를 위해 기도해주는 이가 많은 사람이 이 세상에서는 가장 행복한 사람이다'라는 말을 저는 자주 하는 편입니다.

특히나 신앙 생활을 시작하는 사람들을 만나보자면 그 주변엔 많이 그리고 오랫동안 기도해준 믿음의 사람들이 꼭 있었다는 사실들을 발견하곤 합니다.

제가 당신을 위해 많이 기도한다고 이야기할 수는 없습니다. 그러나 저의 노트에는 당신의 연락처와 드렸던 편지의 날짜와 기도할 제목들까지 기록되어 있어서 편지를 쓸 때마다 기도하고 있습니다.

당신은 내 기도 안에 있는 사람입니다.

열다섯 번째 서신

기독교의 상징은 십자가입니다.

어릴 적 기억에 십자가는 하나같이 초라하고 허름한 것들이었습니다. 그러나 지금은 모두가 화려한 장식과 빛으로 꾸며져 있는 것 같습니다.

그림이나 상징물 하나로 십자가를 이야기할 수는 없을 것입니다. 그러나 십자가의 의미와 능력을 깨닫기까지는 기독교를 아는 것은 아니며, 엄밀히 말하여 기독교인이 된 것은 아닙니다.

저는 오늘 그 십자가를 말하려고 합니다. 설명하며 이해시켜서 되는 것이 아니라서 무척 부담스럽지만 기도하면서 조심히 십자가를 이야기하렵니다.

저는 십자가를 자주 묵상합니다. 그리고 그 십자가를 사랑합니다. 그 안에서 희생과 생명을 발견한 이후부터입니다. 특히 십자가가 바로 나와 관계되었다는 사실을 실제로 깨달으며 믿음으로 받아들이게 되면서 십자가는 상징 이상의 사랑이 되고야 말았습니다.

오늘, 저는 양화진이라는 특별한 장소에 가보았습니다. 그곳은 우리나라 초기 기독교 역사의 중심에 있었던 외국인 선교사들이 묻혀있는 묘지입니다.

가끔 전 이곳을 혼자 찾아가곤 합니다. 인간적 욕망을 지우고 한 영혼들만 찾아 섬기며 사랑으로 살았던 그들입니다. 그리고 자기 땅도 아닌 이곳에 묻히기까지 하였던 그들입니다. 비문을 통해 이들의 삶을 접하다 보면 알지 못하는 얼굴들이지만 영혼으로 그들과 대화하면서 눈물이 나고 저 자신도 순수함의 자리로 돌아갈 수 있습니다. 영혼을 섬기는 목사임에도 세상 속에 젖어 살다 보니 나도 모르게 때가 묻곤 해서 샤워하듯 이곳에서 더러워진 영혼의 때를 씻어보는 것입니다.

오늘은 특별했던 몇몇 사람들의 이야기를 발견하였습니다. 그들 중에는 이 땅에 와서 가족을 잃은 사람들이 많았습니다.

의료 수준이 형편없던 시절 우리나라에 왔다가 젊은 나이에 남편을 잃고 아내를 잃었으며 심지어 인생의 꽃도 피우지 못하고 불과 몇 개월 혹은 2~3년의 삶을 마감하고 땅에 묻혀야 했던 자식들까지…. 이 땅에서 희생한 게 많았기에 한국 사람보다 더 한국을 사랑하였고, 죽어 이 땅에 묻히는 것을 소망과 영광으로 생각했던 사람들입니다.

그들의 묘비는 공통점을 가지고 있습니다. 하나같이 다 십자가가 새겨져 있고 어떤 것은 묘비 자체가 십자가입니다. 그런데 지금까지 보아왔던 그 어떤 십자가 형상보다도 아름답고 조화롭고 신비스럽습니다.

2차대전 당시에 독일의 신학자였던 본 회퍼라는 사람이 있습니다. 당시 독일인의 양심으로 불렸던 그는 히틀러 암살에 가담하였다가 붙잡혀 독일 패망 한 달 전에 교수형으로 죽었습니다. 그는 이런 말을 했습니다.

"크리스천에게 고난은 선택해야 하는 일이다."

그 말에는 희생을 통해 세상을 구원하려 했던 십자가의 예수님이 그리스도인의 삶 속에 꼭 있어야만 한다는 가르침이 담겨있습니다.

그는 말을 앞세우는 학자가 아니었습니다. 당시 미국에 초빙을 받아 교수직을 담당하고 있었던 그는 본국인 독일로 떠나면서 그가 존경하는 라인홀트 니버 교수에게 이런 편지를 남깁니다.

"저는 독일의 기독교인과 더불어 우리 조국의 이 어려운 시기 내내 함께 살지 않으면 안 됩니다. 저의 동포와 함께 이 시대의 시련을 나누지 않는다면 전쟁 후 독일에서 기독교인 삶의 재건에 참여할 권리가 없을 것입니다."

민주주의는 피를 먹고 자란다는 말이 있듯이, 누군가의 희생 없이 꽃피운 민주주의는 거의 없습니다. 힘으로 권력을 찬탈하고 유지하려는 이들에 맞서 희생의 횃불을 드는 이가 없다면 정권은 결코 국민의 것이 될 수 없기 때문입니다.

성경은 희생의 십자가를 이야기하는데 요즘에는 그런 삶을 선택한다거나 보여주려는 사람을 만나기가 쉽지 않습니다.

십자가를 진다는 것은, 사실 아무나 할 수 있는 일이 아닙니다. 그것은 요구한다고 되는 것도 아니고 선택하는 것만도 아닙니다. 다만 십자가를 경험하는 자여야 십자가를 집니다.

친히 생명을 잉태하고 출산한 엄마가 자기의 아이를 위해선 무엇이든 하고 심지어 아이를 보호하기 위해서 대신 희생까지 할 수 있듯이, 예수님의 십자가를 바라보며 거기에서 '생명'을 경험한 사람들은 어떤 모습이 되었든 주어지는 십자가라면 받아들이게 됩니다. 때문에 믿음은 이해하는 것이 아닌 생명의 경험인 것입니다.

생명의 가치를 알게 되면 결코 생명을 무시하지 않습니다.

사람이야 더할 나위 없지만 미물에 불과한 생명체까지도 그리고 하늘의 기운과 숲의 생명까지도 사랑하며 소중히 여길 줄을 아는 것입니다.

어느날 갑자기 깨닫게 된 십자가를 통한 나를 향한 하나님의 사랑을 당신도 깨닫고 발견할 수 있기를 바랍니다. 그렇게 된다면 저처럼 다른 가치관과 마음으로 행복한 삶을 살 수 있을 것입니다. 그것은 이전과는 다른 전혀 새로운 삶이 될 것입니다.

제가 여인이었다면 항상 목에 십자가를 걸겠습니다. 젊은 세대만 되었어도 문화 따라 그렇게 할 수 있겠습니다. 그러나 내가 걸고 싶은 십자가는 따로 있습니다. 금이나 아름다운 세공의 형상이 아닌 투박하고 낡은 모양이면 좋겠습니다. 그러면서 제 마음에는 꼭 한 가지 이런 다짐을 할 것입니다.

"결코 십자가를 악세서리로만 품고 살지 않는다!"

십자가를 자랑하며 십자가의 거룩한 피를 늘 전하며 살아가고 싶은 샘지기입니다.

평안을 빕니다.

열여섯 번째 서신

지난 며칠간은 내 인생에서 더 행복한 때가 있었나 싶을 만큼 소중한 시간이었습니다.

큰아들이 군에서 휴가를 나와, 다섯 가족은 잠시도 따로 떨어지지 않을 만큼 함께 지냈습니다. 지난 1월 초 해병대에 자원 입대하였던 큰아들은 2박 3일 일정의 첫 외박휴가를 나오면서 집에 가면 가족하고만 지내고 싶다고 말했습니다.

남은 네 식구도 함께 지내고만 싶어서 아무런 약속도 잡지 않고 기다렸고 떠날 때까지 계속 함께였습니다. 그것이 우리가 가장 행복했던 이유입니다.

곁을 떠난 자식이 그렇게 소중한지 몰랐습니다. 3남매 아이들이 함께 지낼 적엔 티격태격하며 보내는 모습 속에서 때론 서로의 소중함을 모르는 것 같아 마음 아플 때도 있었는데 이

번에 그들이 서로에게 얼마나 소중한 존재였는지를 알 수 있었습니다.

세 남매를 양육하는 동안 어려운 형편이어서 충분한 뒷받침을 해주지도 못하였습니다. 그러나 많은 형제가 아이들에겐 결코 부담이 아닌 소중한 보배를 더 소유하고 있다는 또 다른 부요로 자리 잡고 있습니다.

핵가족시대인 지금은 예전에 비하여서 가족의 소중함을 느끼는 감도가 훨씬 낮습니다. 형제간에도 다툼이 많고 부모 자식 간에도 상처를 주고받는 일이 많아졌습니다. 작은 가족인 만큼 더 사랑할 존재이기보단 지나친 욕심과 기대가 역반응으로 나타나서 더 많은 상처를 서로에게 안기고 있지 않나 하는 생각을 해봅니다. 물질이 부족했던 시대에는 효도에 무척 큰 관심을 기울였습니다. 그러나 지금은 아닙니다.

성경 말씀에 기록된 기도의 말씀을 옮겨보고 싶습니다.

여호와여 금생에서 저희 분깃을 받은 세상 사람에게서 나를 주의 손으로 구하소서 그는 주의 재물로 배를 채우고 자녀로 만족하고 그 남은 유산을 그 어린 아이들에게 유전하는 자니이다 (시편 17:14)

부모는 할 수 있는 한 많은 재물을 모아 자녀에게 유산을 상속해주려 하지만 그것이 지혜로운 마음이 아니라고 지적하는 것입니다.

유산을 상속받지 못한 자녀들은 그래도 화목할 줄을 아는데 적지 않은 재산을 상속받은 자녀들은 서로 반목하는 것을 어렵지 않게 볼 수 있습니다.

하나님께서는 행복의 통로로 가족을 주셨습니다. 그래서 성경은 가족에 대한 배려와 사랑에 많은 비중을 두고 교훈을 남깁니다.

'가족'이란 무엇일까요? 태어날 때부터 사랑할 수밖에 없는 관계입니다. 행복의 원천에는 사랑이 있는 것이어서 사랑할 수밖에 없는 가족 안에 행복을 선물로 안겨주신 것입니다.

가족이 없어도 누구보다 행복해 보이는 사람들이 있습니다. 그런데 그들은 핏줄도 아닌 자들을 가족 이상으로 관계할 능력을 가진 사람들이었습니다.

우리 주변에서 봉사를 많이 하는 사람들을 만나보게 됩니다. 그들은 처음부터 그런 일을 하던 사람들이 아니었습니다. 어떤 계기가 되어 봉사를 시작했는데, 어느 순간엔가 사람들을 사랑하는 즐거움을 알게 된 것입니다. 그래서 봉사가 보람 이상의 중독성을 갖게 된 행복병 환자가 된 사람들입니다.

“네 이웃을 네 몸과 같이 사랑하라”라는 성경의 말씀은 나를 행복하게 하려고 주신 기막힌 하나님의 계명이었습니다.

저는 목회자로서 교회를 20여 년 이상 섬겨본 사람인데, 건강하고 바른 교회의 모토에다 “또 하나의 가정이 되어주는 교회”라는 문구를 적시하고 싶습니다.

한 영혼을 바라볼 때면 제 자신에게 이런 질문을 던져보곤 합니다. “저 영혼에게 넌 진정한 가족이 되어줄 수 있니?”

당신이 과거에 교회 생활을 해보셨다면 이런 질문을 드리고 싶습니다. “교회를 가족이나 가정으로 느껴보셨습니까?”

그 느낌을 가져 보지 않으셨다면 또 이런 질문도 드려보고 싶습니다. “하나님을 아버지로 만나보셨습니까?”

부모를 잘 모르고 관계할 수 없는 사람이 진정 핏줄을 소중히 여길 수가 없듯 하나님을 영혼의 아버지로 제대로 만나본 체험이 없는 사람은 교회를 가정으로 인식하기 어려울 것입니다.

가족과 가정을 잃어가는 사람들이 늘어나고 있습니다. 문화는 발달하고 풍요로워져도 그만큼 외로워지는 사람들이 많아지기 때문에 불행의 느낌은 커져가고 있는 것입니다.

그러나 살펴보십시오. 외로운 노인들을 말입니다.

그들은 자녀로부터 떠나있고 심지어 버림받고 있습니다. 반대로, 부모의 갈등에 희생양이 된 채 혼자인 자녀들은 상처를 받으며 자라고 있습니다. 이 모든 사람들은 불행과 더 가까울 수 있는 사람들입니다. 현재는 자유롭고 행복하다고 안위할지 모르겠지만 언제까지나 그럴 수 있을까요?

가족이 모든 행복을 보장하지는 않습니다. 가족이 있다 하여도 완전한 행복을 위해선 그것만으로는 부족합니다. 또 하나의 가족, 진정 내게 또 하나의 가정이 되어줄 만한 영혼의 가족공동체는 꼭 필요합니다. 교회는 바로 그런 곳이며 그럴 수 있는 좋은 교회를 꼭 만나야 합니다.

교회란 하나의 공동체이기에 참이냐 거짓이냐의 구별이 중요할 것이고, 하나님의 말씀에 충실한 가족 같은 교회인가 건물과 조직에만 갇힌 이름만의 교회인가의 구별도 중요할 것입니다.

제가 기도하며 돕고 싶습니다.

열일곱 번째 서신

얼마 전 초등학교 교장직에서 은퇴하신 선생님 한 분을 알고 있습니다. 노년임에도 매우 고상해 보이시고 소녀 같은 이미지를 가지신 분이었습니다. 함께 차를 마시며 이야기를 나누던 중 당신의 인생에서 지울 수 없는 큰 사건에 관한 이야기를 꺼내 놓으셨습니다.

내가 성직자라는 이유 때문이었는지 모르겠으나 아무에게나 쉽게 말하지 않는다는 슬픈 가정사를 선뜻 말씀하시는 것이었습니다.

천국이 있을까? 이 질문 앞에서 많은 사람은 그것을 부정하고 싶어 합니다. 그러나 이 선생님에게 천국은 너무도 확실한 믿음으로 자리 잡고 있었습니다. 그리고 그 이유는 오래전 불의의 사고로 잃어야 했던 어린 아들과 연관되어 있었습니다.

아파트에서 생활하며 맞벌이로 바쁜 삶을 살아가느라 아이들 양육은 온종일 친정 어머니의 몫이었다고 합니다. 그날도 아침 일찍 출근 준비를 하고서 배고픈 아이 젖 떼놓는 심정으로 급히 집을 나섰는데, 집 안에서 잠시 보호의 손길을 놓친 아이는 베란다까지 기어 나와 작은 틈 사이로 고개를 내밀었다가 추락사하고 말았습니다.

아주 총명했고 예뻤던 아이였습니다. 이 엄청난 충격은 부부에게 심한 우울증까지 겪게 했습니다. 치유의 과정을 겪으면서 그분은 단 하루도 천국에 대한 소망을 놓지 않았다고 했습니다. 천국에서 아이를 만날 수 없다면 인생을 살아갈 힘도 없었을 것이기 때문이었습니다.

칸트라는 철학자가 천국의 존재 이유를 말한 적이 있습니다. 어떤 종교적 믿음이 있어서가 아니었고 이 세상에 존재하는 죄 많은 사람들의 번영과 해악에 대한 심판 때문에 꼭 천국과 지옥은 있어야만 한다는 주장이었습니다.

저는 천국이 있어야 할 이유를 말하려고 이런 이야기를 하고 있지는 않습니다.

'나이 50이 넘으면 무덤 소리가 들린다'라는 말을 듣곤 합니다. 저도 나이가 들어가면서 죽음을 많이 생각하고 있습니다. 어쩌면 그것은 개인적으로 부모님과의 이별이 있었고 최근 노인복지 분야의 일을 하게 되어서 상대적으로 연로하신 분들을 접할 기회가 많은 탓이지 않을까? 하는 생각도 하지만 나이 오십은 확실히 인생의 후반을 인식하게 합니다.

현재와 현세에 깊이 뿌리를 내리고 살면서 동시에 먼 미래인 내세에까지 강한 손을 뻗치고 살아갈 인생이 과연 얼마나 있을까요?

약한 자, 가난한 자, 갇힌 자들은 대개 이 땅에 내릴 뿌리가 약한 사람들이어서 천국에 소망을 두기가 훨씬 쉬운 것 같습니다. 힘을 잃은 노인들은 조금만 세심한 관심을 가져 주어도 내세에 대한 믿음에 쉽게 마음을 엽니다. 과거에는 그렇게도 두꺼웠던 마음의 벽이었건만 왜 그리 쉽게 열릴 수 있는 것일까요?

이유는 간단합니다.

세상에 내릴 뿌리가 많이 약해진 탓입니다.

마음을 열면 천국은 바라볼 수 있는 것이 되고 영혼의 손으로 하늘 세계는 붙잡을 수 있는 것이라서 그렇습니다.

눈에 보이는 이 세상 안에서 누리며 붙잡을 것이 많은 사람이 부러워 보일 때가 있었습니다. 그런데 지금에 와서는 기회가 주어진다 하여도 선뜻 붙잡고 싶지 않습니다.

제 나이 40이 될 적 노년에 대한 소박한 꿈을 가진 적이 있습니다. 가능하면 건강과 힘이 남아있을 때 도시 목회를 빨리 내려놓고, 시골이나 섬으로 내려가서 남은 생애를 더 약한 노약자들의 육체와 영혼을 돌보며 살겠다는 마음이었습니다. 이 마음은 지금도 여전합니다.

사회적 신분이나 소유에 대한 욕심은, 더 소중한 하늘을 바라볼 눈을 흐리게 한다는 것을 너무나 잘 알기에 영혼의 맑은 하늘을 품고 살 소망을 다시 세워보고 있습니다.

남이 잘 가려 하지 않는 길이지만 나만이 잘할 수 있는 길을 찾고 있습니다. 생명이 다하는 순간까지 남에게 기댈 인생이 아닌 주는 즐거움으로 살 그 길을 생각합니다.

바쁘고 힘들며 지쳐 살아가는 이 대도시는 영혼으로 바라볼 천국의 하늘마저도 많이 흐려있다는 생각이 들어서 적당한 시점에선 벗어나고픈 생각입니다.

"천국이 있느냐 없느냐"에 관한 궁금함보다 더 중요한 것은, 그 세계를 바라볼 수 있는 믿음의 안경에 관심을 갖는 일일 것입니다.

보이지 않는 세계는 결코 눈으로 볼 수 없기 때문입니다.

평안을 빕니다.

열여덟 번째 서신

오늘 아침에는 제가 운영하는 기관에서 섬기는 어르신 중 한 분이신 연로하신 장로님 댁에 들렀다가 젖은 기저귀를 바꿔 채워드렸습니다. 고상한 인품의 장로님께선 어린아이처럼 저에게 온몸을 의탁하셨습니다.

30대 초반의 젊은 나이에 장로님 직분을 받으시고 근 50년이나 교회를 섬겨오신 어르신입니다. 지금은 움직이지 못하는 육체를 남에게 맡기시고, 오직 라디오에서 들려오는 설교 말씀에 귀를 기울이시며 힘겹게 인생의 마지막 발걸음을 옮기고 계셨습니다.

저는 지금은 사무실과 인접한 도봉산 아랫자락의 낙엽 쌓인 산길을 걷고 있습니다. 평일이어서인지 그 길을 걷는 사람들

역시 황혼을 얼마 앞둔 어르신들이 많습니다.

가을인지라 반추되는 인생에 생각을 맡길 때가 많아집니다. 그러면서 2, 30년 후 나의 미래를 문득 문득 상상해보곤 합니다. 앙상한 가지처럼 모든 것 다 털어놓고 마지막을 기다리면서 남은 호흡만을 이어간다면 어찌할까도 생각해 보았습니다. 불처럼 살다가 사그라지는 인생이고 싶지만, 그것은 자신의 선택이 아니기에 스스로의 몸을 간수할 수 있을 때까지만 욕심 없이 살 수 있게 하여 달라고 하나님 앞에 기도합니다.

매일 내 모습을 거울에 비추어 보듯 인생도 그렇게 주인 되신 하나님을 바라보면서 그분의 거울에 비추이며 살 수 있다면 진정 아름다울 것입니다.

살아온 인생을 돌아보며 써보는 글입니다.

숨어 있으면 편한
내 인생은 그러했습니다
섬기고 있을 때가 가장 즐거운
내 행복은 오직 거기에 있었습니다
가난과 억눌림으로 살아온 어린 시절은
이후
나의 삶의 자리를 그렇게 펼쳐놓아 버렸습니다

드러남을 통해 자유를 찾고자 했습니다
높아진 위치에서 자존감을 흠뻑 느껴보려고도 하였습니다
그러나
그러면 그럴수록
눌린 듯 갇힌 듯하여
이제
처음으로 돌아와
편하고 행복한 자리를 펼쳐보려 합니다
높은 산이 되기보다 낮은 언덕 되고
하고 싶은 많은 말보다
모두의 말 들어주는 자 되며
섬김을 받기보다 섬김으로
나 그렇게
살기로 하였습니다

며칠 전 찾아온 한 젊은 여인이 떠오릅니다.

그녀는 갓난아이 때 부모님께 버림받고 이후 좋은 양부모를 만나서 살아왔습니다. 결혼을 하였는데 생활이 평탄치가 않았고 지금은 죽고 싶다는 마음을 토로하고 있었습니다. 버릴 것이면 무엇 때문에 자신을 낳았느냐고 말하면서 만약 지금 친부모를 만난다면 죽여버리겠다는 살벌한 말을 독기 서린 표정으로 내뱉고 있었습니다.

그냥 듣기만 했습니다. 하고 싶은 말도 해줄 말도 없었습니다. 내 말을 받아둘 마음의 그릇이 조금도 비어있지 않았기 때문이었습니다.

더 힘들게 살았던 옛날에는, 주변에 자기보다 힘든 사람들을 많이 볼 수 있어서인지 주어진 인생을 운명으로 받아들이면서 다들 열심히 살았습니다.

제가 볼 때 인생의 행복이란, 출생 환경보다는 내 인생을 주어진 훈련으로 받아들이고 어떻게 감당하느냐의 능력에 따라 결정된다고 생각합니다.

인생훈련을 스스로 선택하는 경우는 드물 것입니다. 차별적일 수밖에 없는 그 환경을 받아들일 마음의 준비가 중요한 것이지요.

하나님께서는 그가 사랑하는 사람들을 하나같이 혹독한 훈련의 자리로 몰아내셨습니다. 밀어낼수록 파고드는 자식이 참 자녀일 수 있듯이, 훈련의 자리로 밀어낼수록 더욱 하나님의 손을 굳게 붙잡았던 사람들에게 그분은 복되고 영광된 자리를 주셨습니다.

언젠가부터 저는 개인적인 좌우명을 이렇게 사용하고 있습니다.

『웃어야 할 이유
감사해야 할 이유
사랑해야 할 이유』

지금도 인생 훈련의 과정을 역시 걸어가고 있는 중이지만 나름, 훈련으로서의 인생을 살고 보니 만들어진 좌우명입니다. 웃고, 감사하고, 사랑하여야 할 이유는 항상 있었습니다. 그 이유는, 결과적인 선을 안겨주시는 하나님을 발견하기 때문입니다.

경험으로 얻어지고 확신하게 되는 하나님의 모습이란, 오직 믿음으로 살아본 사람만이 고백하는 것이라서 당신을 다시 한번 믿음의 자리로 초대하고자 합니다

"그러므로 믿음은 들음에서 나며 들음은 그리스도의 말씀으로 말미암았느니라" (롬10:17)

열아홉 번째 서신

요즘 제 눈에는 치매 어르신들의 모습이 많이 보입니다. 십 년 넘게 어르신 돌보는 일을 하다 보니 갖게 된 직업적 눈입니다. 오늘 아침 동네 공원을 산책하는데 한 노부부가 눈에 들어왔습니다.

늘 다님직한 작은 마을 공원이건만, 새로운 풍경인 듯 멈추어 사진을 찍으며 이야기를 나누고 있었습니다. 예쁜 모자까지 쓴 아내의 차림은 영락 없는 소녀의 모습이었고 남편도 그늘 없이 맑은 소년의 모습이었습니다.

그러나, 점점 기억이 사라져가는 치매는 끔찍하리만큼 무서운 질병입니다. 가족에겐 너무도 무거운 짐인지라 아름답게만 보는 것은 불가능합니다.

어르신들과 이야기를 나누며 기도해 드리기 위해서 늘 봉사하는 데이케어센터를 찾았습니다. 대부분이 치매 어르신들인데 표정은 제각각이며 얼굴에는 인생의 고락이 드러나 있습니다.

무슨 말씀을 전해도 이해하기 어려워 하시고, 기억하지 못하시는 치매 어르신들에게 예배를 인도하는 일이란 쉽지 않은 일입니다. 할 수 있는 것이 기도해주며 찬송을 불러드리고 진심으로 다가가 주는 일입니다.

그런데 한 어르신에게는 눈빛을 맞출 수가 없습니다. 눈만 마주치면 입에서 욕이 튀어나오기 때문입니다. 왜 자신을 향해 이야기하느냐는 것입니다.

뇌의 어느 부분이 손상을 입느냐에 따라서 다양한 모습이 드러납니다. 이 모습이 어떠한가에 따라 '고운 치매'라고도, '미운 치매'라고도 부릅니다. 저는 가끔 고운 치매도 미운 치매도 그 사람이 살아온 인생의 얼굴과 닮았다는 느낌을 받습니다. 화로 가득한 얼굴은 미운 치매가 되고 부드러운 얼굴은 고운 치매가 되는 것 같았습니다. 아마도 내게 익숙한 감정에 해당하는 뇌의 부분은 가장 늦게 죽는 모양입니다.

봉사를 시작하면서 매주 목욕을 돌보는 어르신과의 만남은 나에게 더없이 즐거운 시간입니다. 요즘 목욕 봉사를 해드리는 어르신도 심한 치매입니다. 그분이 나를 기다린다는 것이 좋고 어린아이 같아서 좋습니다.

젊은 날 권위 있는 그 분의 사진과 지금의 사진은 너무도 달라 보입니다. 주름이 늘어서 달라진 얼굴이 아닙니다. 천진한 아이의 모습으로 변모되어 있어서입니다.

덥수룩한 얼굴 수염을 깨끗이 밀어드리고 목욕을 시켜드리는데 변실금이 있는 어르신인지라 몸에 배설물이 남아 있어서 손에 묻었습니다. 그런데 이상하게도 냄새나 느낌이 역하지가 않았습니다. 내 아이를 돌보던 느낌과 크게 다르지 않았습니다.

왜 그럴까? 잠시 생각해 보는데, 무관심이라면 싫게 느껴지는 것이고 관심과 사랑이 있다면 냄새도 달아난다는 걸 깨달았습니다.

"목욕도 하고 면도도 잘 해주셔서 많이 기다렸습니다."

면도하고 목욕하고 손잡아 함께 기도하는 30여 분 동안, 이 어르신은 같은 말을 열 번도 넘게 반복하시고 있습니다. 순간 기억을 잃어버리시는 것입니다. 내 얼굴은 잊지 않고 기다리시며 반기시고 있으니 다행입니다.

이런 어르신들을 볼 때마다 그들을 위해 할 수 있는 일이 무엇인가를 떠올려 봅니다.

답은 하나밖에 없습니다.

천국 길의 안내인.

치매 어르신을 대할 때면 항상 많은 생각이 동시에 밀려옵니다. 치매로 인해 주변에 가족관계의 어려움이 많아지고, 점점 더 기억을 잃어가는 어르신을 보면서, 오늘은 이런 생각이 싯구로 다가와 옮겨봅니다.

기억에 없는 갓난애 적 큰 사랑을
이제는 당신에게 되돌려 달라고
스스로 기억 없는 세상으로 가시고 있네
안개처럼 희미해진
돌아올 수 없는 그 길을 가시고 있네
받아들일 수 없는 것은 자신인데
사랑하는 사람들을 아프게 하고
남은 사랑까지 좀먹게 하면서
얼마나 사랑했으며
어디까지 사랑할 수 있는지를
끝까지 시험하고 있네

불쌍타 하며
사람들은 다가서려 하지 않는데
없으면 불안하여

속으로 울고 있는 아이시구나
사랑만을 먹고 사셔야 하는데
희망이 없는 생명인지라
외로움에 떨고만 계시는구나
새로운 사람은 거부하면서
마지막까지
가족의 손을 놓지 않으시는구나

그것은 어쩌면 공평인데,
나만 그것을 갚아야 하느냐고
한탄을 하는 사람이 있더라
나는 그것을 갚지 않아도 된다며
감사하는 사람도 있더라
모든 것을 다 받았으면서
마지막 남은 조금까지
빼앗아가려는 자식도 있더라

생각하면 차라리
남은 기억의 마지막 조각까지
다 버리고 가는 그 어르신이
행복이었겠더라

며칠 전에는 제가 돌보는 치매 어르신이 갑자기 돌아가셨습니다. 홀로 사시는 어르신을 돌보기 위해 아침에 집을 찾았다가 방문 앞에 쓰러져 계신 것이 발견된 것입니다.

치매 자체로 돌아가시는 경우는 거의 없고, 이처럼 혼자 계시다 넘어지는 사고를 당할 때에 스스로 대처하지 못하고 돌아가시곤 합니다.

급속히 치매 어르신이 많아지고 있습니다.

의술의 발달은 생명만 연장하고 있습니다. 숨은 길어지는데 몸의 기능은 따라가지 못하는 불균형 때문에 나타나는 현상인 것입니다. 끼니마다 한주먹씩의 약을 먹으며 생명을 연장하는 어르신들입니다.

얼마 전에는 자기 아들과 자신을 돌보는 사람을 도둑이라 하며 몰아내는 어르신 한 분과 씨름을 해야 했습니다.

숨이 멈추어야만 끝나는 것이 생명이 아닌 것을 느낍니다. 떠나야 하는 자도 힘들고 보내야 하는 자식들도 힘이 듭니다. 건강하게 살다가 성경의 연한대로 7, 80의 나이에 세상과 작별하는 것이 복이라는 생각을 문득 할 때가 있고 백세시대는 복이 아닌 저주라는 생각까지 할 때가 있습니다.

치매 어르신들을 보며 이런 생각을 해봅니다.

영적 소통을 불가능하게 만드는 현재 시대 상황과 불신앙의 높은 담벼락들은 영적 치매증이라는 생각입니다.

보이지 않는 세계를 볼 수 있는 능력을 다 빼앗겨버린 현대의 지성인들을 어떻게 도와야 할까요?

고민이 깊어갑니다.

그들은 치매 어르신들처럼 기도만 하고 기분이나 맞춰주면 되는 대상이 아니며, 적극적으로 깨우침을 주고 천국의 소망을 심어줘야 할 사람들이기에 너무도 답답한 것입니다.

오늘은 우울한 이야기로 시작하여 맺음까지 와버린 것 같습니다. 기억 없고 사랑 없는 회색지대는 우리가 살아야 하는 세상이 아니라 생각합니다.

그렇기에 관심과 사랑의 소중함을 다시 한번 생각하면서 이 밤, 나의 사랑하는 하나님께 당신을 기억하는 기도를 향으로 담아 올리겠습니다.

스무 번째 서신

북한산 자락에 자리 잡은 동네는 공기가 맑아서 좋습니다.

옥상에 마련한 자그마한 텃밭에는 우리 가족이 충분히 먹고도 남을 야채가 자라고 있습니다.

상추와 고추 호박 등 푸성귀와 방울토마토가 열리고, 텃밭 한쪽에 마련한 연못에는 잉어 여섯 마리와 수중식물인 부레옥잠이 자라며 분수와 어울려 혼자 보기에 아까운 아름다움을 보여주고 있습니다.

내 집은 아니지만 나그네 삶인 것을 고백하며 몇 년간 또 살아갈 더없이 좋은 장막처입니다.

이전 이 집에 살았던 사람들이 창고로 사용하며 바퀴벌레 소굴로 방치해 두었던 냄새나던 옥탑방이 있는데 한 달쯤 땀 흘리면서 수리하여 가꾸고 나니 이 세상 나만의 천국처럼 좋은 공간이 되었습니다.

늘 바쁘게 살다가 오랜만에 큰맘 먹고 인수봉을 바라보며 산길을 올랐습니다.

사람들은 곧잘 등산을 인생에 비유하는데, 힘든 숨결을 고르며 그늘에 앉아서 인생에 관한 생각을 메모지에 몇 자 적어 봅니다.

인생이 무엇일까?
사는 것이다
숨쉬고 먹고 일하고 이야기 나누고 사랑하며 사는 것이다
산을 오르는데 누가 이런 이야기를 한다
'다시 내려올 산을 왜 오르는가?'
많이 들은 말인데 오르면서 들으니 실감이 난다.
왜 오르는가?라고 묻지만 오르는 자는 후회하지 않는다
그것이 산을 오르는 이유이다
건강을 생각하지만 오르고 나면 그 생각도 달라지고 만다
그냥 좋은 것이다
산에 오름은 신앙생활의 이유도 말해준다
은혜를 구하며 열심히 구도하는 삶은 후회하지 않는다
그냥 좋은 것이다
그리고 행복한 것이다

오늘은 토요일이어서인지
어린아이부터 노년의 어르신까지
다양한 사람들이 구름떼처럼 산을 오르고 있다
얼른 내려오고 싶지 않은
정상의 그 자리에 모두가 서길
신앙의 산에 오르는 모든 이들이
그 정상에서 하늘의 부름을 받기를

하나님을 만나는 길은 두 가지가 있습니다.

첫째는, 말씀으로서의 성경이요,

둘째는, 자연으로서의 세상입니다.

자연이 보여주는 세상이 그냥 세상이 아닙니다. 아름다운 풍경 안에는 살아있음이 녹아 있습니다. 죽어있다면 아름다울 수가 없을 것입니다. 그 안에 생명이 있어 아름답습니다.

광활한 우주가 그냥 존재해온 줄 알았는데 그 안에도 질서가 있고 별 하나에도 인간의 육체처럼 생명의 시간이 존재함을 알게 되었습니다. 그 생명의 신비감이 우리에게 아름다움을 안겨주고 있습니다. 가치있고 아름다운 그림을 자세히 살펴보자면 생명의 신비감이 묻어납니다.

철 따라 다른 옷을 입는 산이어서 아름답습니다. 산에 올라가서 본 세상이 아름다워 보이는 것은 평상시와 달라 보인다는 것 때문입니다. 변함없어 보여도 다름이 보이는 것이 하나님께서 우리에게 보여주는 것들의 신비입니다. 성경 말씀을 늘 똑같은 말씀으로 읽고 듣는 자는 성경을 읽고 듣는 것이 아닙니다. 지식과 순간의 느낌만을 주는 일반 서적과 하나 다를 것이 없는 책일 뿐입니다.

성경을 '생명의 말씀'이라고 하는 것은 작은 분량의 책 안에 끊이지 않는 샘물처럼 무한한 의미가 담겨 솟아 나오기 때문입니다.

다시 세상을 생각합니다.

태초에 하나님이 천지를 창조하시니라

…

보시기에 심히 좋았더라

이 말씀은 세상을 창조하신 하나님께서 당신이 지으신 세상을 보시고서 만족하며 하신 말씀입니다.

비 온 뒤 개인 하늘의 맑음과 새봄에 가지에서 나오는 새싹의 파릇함은 비치는 햇살과 조화를 이루면서 얼마나 아름다운 세상을 만들어 내는지 모릅니다.

사람이 만들어 놓은 것들은 금방 식상하고 말지만, 생명이

꿈틀거리는 자연 속의 세상은 이토록 큰 감동을 주는 것입니다. 살아있는 생명과 연관된 세상은 항상 아름다움을 볼 수 있는데, 본능과 욕심에서 표출되고 있는 세상은 다른 것 같습니다. 표면적인 아름다움을 혹 줄 수 있을지 몰라도 조금만 더 속을 들여다보면 추하고 냄새나고 상처를 주고받을 것으로 가득합니다.

그래도 물질세계에 대한 사랑이 아닌 생명을 사랑하는 일을 중심에 두고 세상을 바라보노라니 희망이 있고 환희가 있습니다. 그래서 행복합니다.

악한 마음의 사람도, 더러워진 세상 문화의 모습도, 심지어 악의 뿌리를 가진 권력과 힘 앞에서도 포기하거나 낙심할 이유가 없습니다.

예수님이 가르쳐 주신 희생과 섬김의 정신을 품고 살다 보면 그 생명의 힘이 언젠가는 세상을 밝게 하여줄 것이라 믿고 삽니다.

"하나님이 세상을 이처럼 사랑하사 독생자를 주셨으니"

지금도, 그리고 언제까지나 하나님은 이 세상을 포기하지 않는 사랑으로 대하십니다. 그래서 좋은 세상, 좋은 사람에 대한 관심을 저는 포기하지 않습니다. 자연의 한 장면, 생명체 하나를 바라보면서도 거기에서 생명에 대한 느낌이 있기를 기도합니다.

하나님이 지으신 세상에서 생명을 볼 수 있을 때면 그분이 우리에게 주신 생명의 책인 성경 말씀에서도 생명을 느낄 수 있고 하나님의 자녀됨에 대한 관심과 소망을 가질 수 있을 것이기 때문입니다.

다음 언젠가는 함께 산행하며 이 마음을 나눌 수 있었으면 좋겠습니다.

CHAPTER 3
회복

스물한 번째 서신

기도와 묵상을 위해 치악산 자락의 수양관에 가끔 찾아옵니다. 낮엔 뒷산에 올라 능선에 서서 산하를 바라봅니다. 바람을 맞으며 서 있는 꽤 큼직한 나무를 보면서 이런 생각이 들었습니다.

"이 나무는 어쩌면 이 자리를 지키며 100년을 훨씬 넘게 있었을 것이고, 나는 온 세상을 다니며 많은 것을 보았지만 겨우 수십 년을 살 뿐이구나."

같은 생명의 관점에서 본다면, 한곳에 머물러 한정된 세상을 소리 없이 바라보는 수백 년의 삶과, 돌아다니며 산천을 다 바라볼 수 있되 잘해야 7, 80년으로 한정될 수밖에 없는 인생은 공평하다는 느낌이었습니다.

모두가 다 잠든 심야에는 두툼한 옷을 입고서 불빛 없고 사람의 흔적 없는 산길을 일부러 홀로 걸으며 하늘의 별빛을 바라보았습니다. 그러나 오늘따라 밤하늘은 많은 별들을 내게 보여주지 않았습니다. 날씨는 좋았으나 달빛이 존재한 까닭이었습니다.

문득, 이런 생각이 들었습니다.

"밤하늘의 아름다움이 빛을 발하려면 아주 밝은 보름날이거나, 그믐날이어야 하는구나!"

달이 크고 밝으면서 별빛도 함께 영롱한 아름다움이란 존재할 수 없습니다. 크고 밝은 인기인들의 불빛 앞에서 작은 별 같은 사람들은 기억되지 않습니다.

은하수의 강물까지도 보이게 할 작은 별들의 하늘 잔치는 늘 있는 것이건만 이 땅에서는 작은 자들이 아름다움으로 빛나기 어렵다는 생각을 하니 한편 서글퍼집니다.

예수님은 가끔 예루살렘 같은 큰 도시에도 가셨지만, 대부분은 약하고 가난하고 아픈 자들이 많이 거주하는 갈릴리 지역을 찾아다녔습니다.

훨씬 많은 작은 자들에게 행복의 자리를 보여주고 싶고 만들어 주고 싶어서였을 것입니다. 그리고 마지막은 안전과 영광의 자리로 가려하기 보다 자신의 몸을 희생의 제물로 내어놓고자 하였습니다.

큰 것을 좋아하는 사람들은 거만해지기에 십상입니다. 지나치게 성공을 추구하는 사람이 가장 빠지기 쉬운 함정이 교만이라 합니다. 그리고 교만은 항상 상대적 우월감을 느끼려는 욕구로 인해 이 세상에 자기보다 나은 사람이 단 한 사람이 있어도 그를 경쟁자로 여기고 적으로 여긴다고 합니다.

'작은 것이 아름답다'라는 문구가 떠오릅니다. 큰 것에 대한 욕심이 제 안에서도 완전히 사라지지 않았지만 언제부터인가 저는 작은 것을 찾는 사람이 되었습니다. 이유는, '행복'의 그릇으로는 큰 것보다 작은 것을 선택하는 것이 더 낫다는 확신 때문이었습니다. 누가 붙여준 이름은 아니지만 언제부터인가 스스로에게 '작은 목자'라는 별명을 한동안 사용한 것도 같은 이유입니다.

성공주의 신화를 좇고 풍요의 문화에 물든 시대를 살아가면서 사람들은 어느 정도는 성공도 이루었고 바라는 만큼 부도 소유한 것처럼 보이지만 잃어버린 것이 있습니다.

여유를 잃었고, 사람을 잃었고, 행복도 잃었습니다. 무엇보다 큰 것을 잃었는데 하나님을 잃어버린 일입니다. 더 가졌다는 것도, 더 배웠다는 것도, 자랑과 교만의 옷을 덧입게 할 뿐이어서 여전히 살아계시며 말씀하시는 하나님을 무시하고 심지어는 부정하면서 조금씩 멀어져가는 것입니다.

어떤 이는 조금씩 빗나간 길이 너무 멀어져. 다시 돌아올 가능성마저 보이지가 않아 제 마음을 안타깝게 합니다. 그러나 제가 볼 때 당신은 그렇게까지 멀리 가있는 것 같지가 않아 제 마음 안에 두기로 하였습니다.

하늘을 나는 연을 생각합니다. 누구나 한 번쯤은 가졌을 연날리기의 추억이 당신에게도 있을 것입니다. 남이 날리는 연에서는 높은 하늘에서 자유롭게 살랑거리는 연의 몸통을 보지만, 내가 날리는 연에서는 하늘을 높이 날도록 하는 연줄을 봅니다.

만일 내 몸이 연이고 연줄을 붙들고 조종하는 분이 하나님이심을 기억하신다면 내 마음대로 날겠다고 줄을 끊는 어리석은 자가 되지는 않을 것입니다. 하나님 앞에서 겸손한 자와 교만한 자의 차이는 바로 이것입니다. 연줄을 보는 자와 부정하며 잘라내고 싶은 자의 차이 말입니다.

다음에 이 산골을 찾아올 때는, 그믐날 하늘이 맑은 날을 골라 찾아오려 합니다. 갑자기, 작은 별들의 아름다운 세상을 보고 싶은 까닭입니다.

평안을 빕니다.

스물두 번째 서신

저는 어린 시절, 그리고 청년 시절의 한때를 무척 행복하게 지냈습니다. 생각해 보면 그것은 물질이나 특별한 환경이 준 것은 아니었습니다.

일반적으로 사람을 얻는 것을 포함하여 직업이나 소유로서의 집이나 명예까지 나의 본능과 욕심에서 발동되어 소유할 수 있는 모든 것들은, 내 것이 될 때에 기쁨이 되는데 그것은 우리가 사는 자리에서만 주어지는 것들입니다.

물론 그것도 기쁨이고 행복이라 하겠지만 시간이 지나고 나서 볼 때면 그것이 행복이었다고 단정키 어려운 경우가 많습니다. 과거 한때의 행복이란 것도 깨진 기왓장처럼 부질없게 느껴질 때가 많기 때문입니다.

목사가 된 이후 한 가지 잃어버린 것이 있었다고 생각합니다. 바로 '안식의 시간'입니다.

이 세상 모든 사람에게는 하나님께서 가장 공평하게 주신 것이 있는데 그것이 바로 '시간'이라는 말을 들어보신 적이 있을 것입니다. 행복의 비밀을 단정한다면 '시간의 사용'이라는 점을 꼭 말하고 싶습니다.

시간이 무엇을 위해 그리고 누구를 위해 어떤 가치로 사용되느냐가 행복을 결정하고 있음을 아시는지요. 하나님은 공간을 위해 즉, 물질세계를 위해 엿새를 주셨다고 했습니다. 그런데 남은 하루는 안식을 위해 주십니다.

그날은 열심히 일한 육체의 재충전을 위해 쉬라고 주신 것만은 아닐 것입니다. 현실공간과 물질세계만을 위해 살지 않고 하루를 다른 정신세계(영적세계)에 머무르도록 주신 날로 저는 이해하고 있습니다.

어린 시절과 청년의 시절의 한때, 가장 행복했던 그 시간은 지금 생각해 보니 하나님께 예배하고 같은 신앙인들을 만나 교제하는 기쁨을 가졌던, 그래서 명절을 기다리듯 아니 그보다 더 간절하게 사모함으로 기다린 '시간 속 궁전의 날'이었습니다.

공부를 하거나 다른 일을 하거나 피곤했던 엿새는 마지막 하루를 기다리는 시간으로 존재했었습니다. 왜인지 모르겠는데 하여간 그랬습니다. 요즘엔 그런 신앙인들을 좀처럼 만나볼 수가 없습니다.

그런데 왜 그 시절이 내게 행복을 안겨주었는지 이제야 알 것 같습니다. 공간으로서의 물질세계 속의 하루가 아닌 순전히 온 하루가 사랑하는 하나님을 만나고 그의 말씀을 듣고 하나님의 가족들과 함께하면서 지낸 시간 속의 궁전이었기 때문입니다.

저는 과거에 제가 개척한 교회를 스스로 떠났습니다. 어린 시절부터 꿈꿔왔던 목사가 되었고 교회도 개척하여 예배당도 지어 모양새를 갖춘 사람이 되었다 생각했습니다. 그러나 어느날 바라보니 직업인이 되어 목적성취를 향해 뛰어온 안식 없는 날들이었고, 그 모든 날들은 내게서 사라져 버린 듯했기 때문입니다.

하나님을 위해 사는 삶이라 생각했으나 나를 위한 시간이 많았고 그것은 결국 내게 행복이 아닌 불행으로 이끌리는 잃어버린 시간이 된 느낌이었습니다.

당신에게 시간은 무엇입니까.

내가 그렇게도 사랑했던 아내와 딸과 아들들이 내 소유인 것처럼 생각하고 있는 동안, 그들은 내게 참 행복을 주는 이들이 아니었습니다. 그런데 하나님이 내게 주신 선물로 인식하니, 그들은 존재 자체가 감사의 이유가 되고 희생마저 기쁨이고 행복이 되고 있습니다.

이제, 또 하나의 교회를 이루게 되고 성도들을 섬기게 된다면 진정한 '하나님의 가족'으로 대할 수 있을 것 같습니다. 교인의 수를 세지 않고 또 다른 나로 여기며 가족으로 헤아릴 수 있을 것 같습니다. 그러면 주일을 기다리는 시간도 가족을 만나기 위한 행복한 기다림이 될 것 같고, 헤어짐의 아픔도 다시 만남을 고대하는 그리움이 될 것 같습니다.

당신을 그 가족으로 보게 하신 하나님께 감사를 드립니다. 멀리 있어도, 자주 볼 수 없어도, 혹 알지 못하는 얼굴이어도 이 서신 안에서 전 그것을 확인할 수 있어서 행복합니다.

교회에선 '태신자'라는 용어를 곧잘 사용합니다. 엄마와 아빠에게는 '태아'조차 사랑입니다. 사랑 때문에 생명이 확인되면 아직 얼굴은 볼 수 없는 만 9개월의 날들이 바라봄과 그리움의 날들이 되어 역시 행복감을 느끼게 됩니다. 하나님 앞에서 구원 얻을 가족도 구체적으로 하나님을 만나고 가족들 앞에 서게 될 때까지는 기도 속에 있는 영적 태신자입니다.

당신은 어찌 생각하실지 몰라도 전 이 고백을 이제 할 수 있습니다.

"당신을 사랑합니다."

평안을 빌며,

주님의 은혜를 구합니다.

스물세 번째 서신

청년 시절, 대학기숙사에서 장애를 가진 친구와 함께 한 학기를 지낸 기억이 떠오릅니다. 같은 학과였기에 강의실에 갈 때에는 가방을 제가 들 때가 많았고, 식당에서 식사할 때면 배식을 하나 더 준비하는 것은 늘 내 몫이었습니다.

모든 것을 당연스레 내게 의존하려는 그 친구가 한번은 미워 보인 적이 있었습니다. 그런데 말씀을 묵상하며 기도하는 중에 하나님은 그 친구의 입장이 되어보게 하셨습니다.

"너의 친구가 만일 사사건건 모든 일에 미안해하고 고마움의 표현을 하여야만 한다면, 그리고 계속 그런 식의 부담을 안고 그가 평생을 살아가야 한다면 그 인생은 어떻게 되는 것이겠니?"

순간의 제 생각이 부끄럽게 느껴졌습니다.

그는 행동에 제한이 있어서 건강한 사람의 도움을 당연시하면서 살아야 하는 것을 깨닫게 하셨습니다.

아무리 노력해도 가난할 수밖에 없는 사람이 세상에는 많습니다. 반면 태어나면서부터 부유하며 건강하고 재능있는 사람들이 있습니다.

성경에는 이런 말씀이 있습니다.

"가난한 자를 불쌍히 여기는 것은 여호와께 꾸이는 것이니 그 선행을 갚아 주시리라."

가난한 자를 세상에 끊이지 않게 하시는 의미를 생각해 봅니다. 바로 연약하고 부족한 이들은 넉넉한 이들을 향하여 어떤 의미를 보여주는 사람들일 수 있습니다. 하나님은 넉넉한 이들로부터 빼앗아 나누어 주라고 하지 않습니다. 그러나 소유가 많고 적음을 떠나서 베풀 수 있는 마음을 갖는다면 그 행위 자체가 하나님에게 빚을 안기는 일이 된다는 의미를 던져 줍니다.

세상을 아름답게 하는 것은, 없는 자는 있는 자로부터 받는 것을 부끄러워하지 아니하며 여유가 있어 베풀 수 있는 자는 과시함 없이 당연히 할 것을 한 것으로 여기는 일이라 생각합니다.

자신의 건강이나 외모와 부요가 남들에 비해 더 크게 누리는 축복으로 생각하면서 갚아 주는 삶을 살 수 있을 때 아름다운 세상이 될 것입니다.

더운 여름에 조금이라도 시원함을 줄 수 있을까 하여 전도 대상자였던 신혼부부 한 가정을 소개하려 합니다.

한눈에 반해 미친 듯이 사랑하여 결혼한 이들에게 불행이 찾아온 것은 혼인한 지 얼마 되지 않아서였습니다. 능력 있고 건강했던 신랑은 알 수 없는 이유로 갑자기 신장기능이 약화되어 몸은 말라가고 급기야 투석을 하게 되면서 삶의 의욕도 빼앗기고 있었습니다.

신앙인이면서 간호사였던 착한 신부는 할 수 있는 모든 헌신을 기울이며 기도로 매달렸지만 해결책은 없었고 낙심지경에 함께 말라가고 있었습니다.

믿음으로 이겨내도록 찾아가 권면하려는 나의 작은 노력도 아무 힘이 될 수 없다는 사실 때문에 손 얹어 간절히 기도하고 돌아올 때면 마음만 더욱 아플 뿐이었습니다.

그들이 교회에 나오기 시작할 무렵, 저는 개인적 이유로 교회를 사임하고 서울로 올라왔고 가끔 기도하면서 소식만을 듣고 있었는데 어느 날 병원에서 전화가 왔습니다.

그때는 다리를 다쳐 움직이기 힘든 상황이었는데 서툰 길을 찾아오겠다는 몸 아픈 그들을 붙잡아 두고 조심히 병원을 찾았습니다.

하나님은 사람에게 두 개씩 주신 것이 있습니다. 눈이 두 개이고 귀가 두 개입니다. 특히 몸 안에 있으면서 하나를 떼어주어도 충분히 살 수 있는 장기가 신장입니다.

이 가냘프고 아름다운 신부는 사랑하는 신랑을 위하여 반대를 무릅 쓰고 신장을 나누어 쓰기로 결정하고 수술을 며칠 앞두고 있었던 것입니다.

제가 손잡아 드릴 수 있는 기도는 이것이었습니다.

사랑하는 하나님,
피를 나눔도 귀한데 살까지 나누려고 합니다.
자녀 없고 혼자의 몸이면 아직 예쁘기만 한 순결한
소녀 같은 몸인데
그 아름다운 몸에 칼자국까지 남기려 합니다
사랑하며 살고 사랑받으며 사는 날이 행복일진대
사랑 때문에 한 선택이라면
피와 살을 함께 나눈 이 부부에게
제일 값진 행복의 선물을 복으로 주옵소서
남 부러워하지 않고

자신들만이 가진 가장 값진 사랑의 증표로
자랑하고 감사하면서
평생을 믿음으로 살아가게 하옵소서!

얼마 전에 다시 부부를 만났습니다. 그들 부부의 맑은 눈동자에 비치는 이 세상은, 나를 포함한 모든 사람이 살아가는 탐욕의 세상이었습니다. 그 성결한 눈빛에서는 예수님의 눈빛까지 오버랩되어 보였습니다.

마음이 있으면 보이는 분인데, 보이면 자연히 알게 되는 분인데 마음이 혼탁해져서 살아계신 하나님이 감춰져 있다는 걸 미처 생각하지 못했습니다.

하나님,
나의 마음이 저들처럼 되게 하여 주십시오!
말로 전하는 설교가 아니라
이제는 마음의 설교자 되고, 눈빛의 설교자 되고,
삶의 설교자 되게 하여 주옵소서!

가능한 가난하게 살며, 언제까지나 마음을 담은 편지로 내 안에 계신 하나님을 더 이야기하고 싶습니다.

평안을 빕니다.

스물네 번째 서신

우리는 분명 2, 30년 전에 비하면 수십 배 부유해졌습니다. 그런데 행복지수는 몇 배나 작아지고 또 작아졌습니다.

늘 하는 질문이지만 또 던져봅니다.

사랑이란 무엇일까요?

또, 행복이란 무엇일까요?

과거의 행복이 그립다하여 그때로 돌아갈 수 없습니다. 그러나 그때가 좋았습니다.

"마른 빵 한 조각을 먹으며 화목하게 지내는 것이 진수성찬이 가득한 집에서 다투고 사는 것 보다 낫다"라는 잠언의 말씀이 있습니다. 그런데 지금 우리는 이 풍요로움의 시대를 이웃과 함께 살아가고 있기 때문에 마른 빵 하나로 화목이 이루어지지 않습니다. 그래서 또 다른 잠언의 말씀(30:7~9)에서는, 이런 고백의 기도를 하는 '아굴'이라는 사람을 만나보게 됩니다.

"내가 두 가지 일을 주께 구하였사오니 내가 죽기 전에 내게 거절하지 마시옵소서 곧 헛된 것과 거짓말을 내게서 멀리 하옵시며 나를 가난하게도 마옵시고 부하게도 마옵시고 오직 필요한 양식으로 나를 먹이시옵소서 혹 내가 배불러서 하나님을 모른다 여호와가 누구냐 할까 하오며 혹 내가 가난하여 도둑질하고 내 하나님의 이름을 욕되게 할까 두려워함이니이다"

20세기를 거쳐 오면서 나눔과 공평의 경제 원리를 내세웠던 공산주의는 파멸했습니다. 빈부의 차이를 인정하며 자유 경제원리를 따른 자유 민주주의는 살아 존재합니다.

그러나 무엇이 성공이고 무엇이 실패인가하는 질문은 앞으로도 계속될 것 같습니다. 사람이 만든 제도와 원리라는 것은 완전하지 않기 때문입니다.

무서운 죄악의 본성이 내 안에 존재하는 한 제도가 세상을 행복하게 만들지는 못합니다.

저는 기도합니다.

"하나님, 우리는 해답을 갖고 있지 않습니다. 하나님만이 아십니다. 이 세상에 온전한 평화가 없고 완전한 행복을 기대할 수 없다면 주님의 나라를 속히 이루시옵소서!”

이런 마지막 소망의 기도를 하지만 그래도 희망을 바라보면서 진정한 행복의 자리를 찾아봅니다. 지금도 주변에는 행복하게 살아가는 사람들이 많이 있기 때문입니다.

부자라고 다 행복하지 않고 가난하다고 다 불행하지 않습니다. 성경 말씀을 예로 들지 않아도, 조사와 통계를 통해 드러나는 행복의 비결은 ‘관계의 능력’입니다. 관계를 중시할 수 있고 실천할 수 있는 능력을 가진 사람들은 종교의 유무나 물질 소유의 많고 적음을 떠나서 다 행복을 누리고 있습니다.

예수님께서는 우리가 잘 알듯이 “원수를 사랑하라”라고 말씀하셨습니다. 왜 이 말씀을 하고 있을까요?

그것은 원수를 위해서가 아님을 알 수 있습니다. 악한 원수나 미운 사람들은 내 감정을 상하게 하며 상처를 듬뿍 안겨주고는 정작 자신은 잊어버립니다. 그러나 죽이고 싶도록 미운 마음을 가지게 된 사람은 그 미움으로 인하여 상처를 되씹으며 평생 잊지 못할 고통을 안고 살아가는 것입니다. 이처럼 억울한 일은 없습니다.

원수를 사랑해야 하는 이유는 원수를 위해서가 아니라 바로 자기 자신을 위해서인 것이지요.

하나님께서 내 기도와 소원을 들어주지 않는다하여도 억울하지 않습니다. 이미 하나님은 나의 의지할 분이 되시고 내 마음의 짐이 무거울 때면 그분에게 짐을 맡겨 드릴 수 있기 때문입니다.

"너의 모든 염려와 근심은 내게 맡기라."라는 음성은 참으로 힘 있는 위로의 말씀입니다.

30년을 돌아보면 아내와 나는 참 많이 다투었습니다. 그것은 서로의 고집과 지지 않으려는 주장 때문이었습니다. 그런데 지금은 다툼이 거의 사라졌습니다. 이유는 아주 쉽습니다. 바꾸려고 노력하고 주장하려고 애쓰며 다투었는데, 바뀐 것은 거의 없었고 앞으로 바뀔 가능성은 더욱 없어 보였습니다. 그래서 결심했습니다. 해결책이 없다면 이젠 포기하는 법을 배우자! 그리고 상대의 약점은 내가 다 채우려고 자원하면서 하나님께 이런 포기의 기도를 했습니다.

"주님, 나도 완전하지 않은데 이제 포기하오니 필요하다면 주님이 고쳐주세요!"

이후로 놀랍게도 행복해지기 시작하였습니다. 성향의 차이는 노력으로 극복될 수 있겠지만 안 되는 것에 대한 지나친 요구나 간섭은 관계를 훼손할 뿐 오히려 상대방을 짓누르고 찌르는 칼이 될 수 있다는 걸 생각하게 되었습니다.

관계를 맺는 것이 부담이고 불행의 원인이 된다면 차라리 자유롭게 혼자 살겠다고 하거나, 같은 이유로 자녀출산을 포기하는 사람이 요즈음엔 많은 것 같습니다만, 혹시 그것은 행복을 누릴 기회를 스스로 잃는 것이 아닐는지요.

행복이란, 바람 없는 호수의 물처럼 그냥 간섭 없는 편한 상태가 절대 아닙니다. 가족이라는 존재가 행복을 누리는 가장 최상의 환경입니다. 왜냐하면 그들은 사랑할 수밖에 없고 용서할 수밖에 없는 대상이요, 그 사랑의 행위들이 다 관계를 끈끈하게 해주는 행복의 원천이 되기 때문입니다.

관계를 행복의 원천으로 이해하는 사람들은 일하는 일터도 돈 벌기 위한 곳으로만 이해하지 않습니다. 그곳에도 사랑해야 할 이웃이 있다는 것을 아는 것이지요.

관계에서 늘 생각해야 하는 것은 '~을 위한 삶' 일 것입니다. 죽도록 사랑해보지 않은 사람은 상대를 위해서라면 모든 것을 아낌없이 주고 싶은 행복을 알기 어렵습니다.

저는 아직도 미국에 가본 적이 없지만, 자원봉사의 나라, 장애인의 천국이라는 불리는 그 나라에 가서 얼마간 살며 그 사회를 떠받드는 주류 기독교인들의 삶을 바라본 사람들의 이야기를 들었습니다. 그 나라가 초강대국으로서 제국주의적

정치권력이 있고, 비록 폭력이 난무하고 극도의 쾌락주의로 인한 범죄가 끊이지 않는다 해도 우리 사회에서는 발견할 수 없는 천국 같은 모습의 일면을 보게 된다는 고백을 듣습니다.

기독교의 최고 가치와 최고의 사랑은 '하나님을 위한 삶'에 그 초점이 맞추어져 있습니다.

몸은 육신으로 살아가지만 영혼만은 깨끗함을 유지하고 하늘나라의 삶을 경험하고 싶어하는 사람들이 참 그리스도인입니다. 이들은 누구나 가족을 끔찍이 사랑합니다. 이웃에게 무관심하지 않으며 무엇보다 그 중심에 창조주 하나님을 위한 삶이 가장 큰 관심거리가 되어있습니다.

우리는 사회나 국가를 위해서 자신을 희생하며 사는 사람들을 고귀하다 말합니다. 그런데 믿음을 통해 살아계신 하나님을 만난 사람들은 창조주를 사랑하는 법을 배웁니다. 그가 지으신 세상을 소중히 아낄 줄 알고, 만물의 영장으로 지음 받은 모든 사람들에 대해 소중히 여기며 사랑하는 것을 당연하게 여깁니다. 나아가 창조주 하나님을 위해 살고 싶어하는 마음을 자연히 갖게 되는데 그것을 가장 큰 행복으로 여깁니다.

영원의 세계 안에서 유한한 이 세상을 바라보며 사는 사람들의 특별하고 고귀한 가치관인 것입니다.

오늘은 긴 서신이 되었습니다. 그러고 보니 마치 설교를 한편 하고 있었다는 느낌을 갖게 되는군요. 끝까지 읽어주어 감사합니다.

평안을 빕니다.

스물다섯 번째 서신

좋은 봄날을 일터에서 바삐 보내느라 교외로 한번 나가볼 여유를 갖지 못하고 있습니다.

그러나 사무실의 업무가 끝나가는 밤중에는 하나님께서 품고 기도하게 하시는 이들에게 편지하는 마음의 여유를 가지고 살아가고 있습니다.

신약성경의 반을 기록했던 바울 사도는 선교사역에 헌신하면서도 한때 천막을 만드는 일에 종사한 적이 있습니다. 꼭 그래야 하는 것은 아니겠지만 경제적 어려움 속에서 자비량(스스로 일을 통해 생계를 해결하며 사역을 감당하는 삶)하며 지낸 것입니다.

제가 지금 그런 삶을 살고 있습니다. 그동안 교회라는 울타리 안에서만 사역하다 일반 사회의 일을 경험하고 있는 것이지요. 언제까지일지는 모르나 기쁘고 감사하는 마음으로 교육원에서 상담실장의 업무를 담당하고 있습니다.

오늘은 저의 일터 이야기를 소재 삼아 편지 드리려 합니다.

따스한 봄날 오후 등산복 차림의 중년 남녀가 사무실을 찾아왔습니다. 얼른 보아 부부인 듯하였으나 이내 곧 어색함이 드러나 보였는데 진지함과 신중함 속에는 무언가 모를 비밀을 담고 있는 듯했습니다.

교육과정과 자격취득에 관한 충분한 설명과 그와 연관된 상세정보를 드렸는데도 그들의 관심은 여느 다른 사람들처럼 취업의 가능성이나 교육비 등에 민감한 반응을 드러내지 않았습니다.

찾아온 발걸음이면서도 첫 번 상담에서 적극적인 태도를 보여주지 않았기에 포기한 것으로 생각했는데 다음 날 오후 다시 함께 오시더니 밝은 얼굴로 바로 등록을 마쳤습니다.

남자분이 말기 암 환자라는 사실을 알게 된 것은 교육이 시작되던 첫날이었습니다.

오전 강의를 마친 후 잠시 차를 함께 마시며 대화의 끈을 풀려 하는데 묻지 않았음에도 선뜻 먼저 자신의 상태를 이야기했습니다. 식도암 말기이고 검사결과 온몸에 전이되었는데 의사들도 기적이라 말할 만큼 건강한 상태로 유지되고 있다 하였습니다. 자신은 항암치료를 거부했고 날마다 등산으로 운동하며 요즘은 의사의 권유로 얼마간 방사선치료를 받고 있다 하였습니다.

본인이 자신의 병증을 사람들 앞에 숨기지 않고 있었기에 다른 반에서 교육생들에게 은연중 소개하였더니 동행했던 여자분이 제일 앞자리에 앉았다가 역시 조금도 숨김 없이 자신도 말기 암 환자라고 사람들 앞에 고백하였습니다. 그들은 말기 암 환자끼리의 만남으로 동행하는 분들이었던 것입니다.

저는 그분들을 영혼으로 바라보며 관심을 기울이고 있는데 아무리 보아도 적극적이고 성실하며 밝은 이 모범생들이 말기 암 환자라는 사실이 믿기지가 않습니다. 몸의 병증은 느껴지는데 능력 있는 사람에게서도 보기 힘든 적극성과 열정이 특별한 느낌을 주기 때문입니다.

약해질 수밖에 없는 현실 앞에 설 때, 대부분의 사람들은 한두 번 마음을 추슬러 보다가 이내 무너져 내리고 맙니다. 그러나 이분들은 보통사람들도 힘들어할, 노인들을 뒷바라지하는 일을 미래에 자신들이 하여야 할 일이라고 기쁨과 기대로 준비하고 있었습니다. 맨 앞자리에 앉아 강사님들의 강의에 열중하고 자신이 정리한 노트를 복사하여 나눠주기도 합니다. 노년을 맞이한 어느 교회 권사님은 이분들에게서 자극받더니 젊은 사람들보다 더한 꿈과 열정으로 교육받는 것을 보았습니다. 자격증 하나 받는 과정을 가지고서 노년에 대학 다니는 기분이라고 좋아하십니다.

무엇인가를 할 가능성에 도전하는 마음이 아름답다는 것을 이들에게서 보고 있습니다. 아마도 그분들이 동행하는 이유는 자신을 강하게 해주는 진정한 벗일 수 있기 때문이라 생각합니다.

'약함이 주는 힘!'

하나님은 우리에게 이 점을 보여주십니다. 바울 사도가 그렇게 강할 수 있었던 원인에 대하여, "내가 약한 그때가 곧 강함이니라"라고 스스로 고백하는 것을 봅니다.

예수님께서도 십자가의 고통 앞에서 '이 잔을 내게서 옮기시옵소서'라고 고백하지만 곧 희생을 통해 구원의 선물을 남겨놓고 있습니다. 그래서 예수님을 만나는 사람들은 하나같이 약해지는 과정을 거쳐 갑니다. 강함과 넉넉함이 만남의 통로가 되지는 못하였던 것입니다.

전철에 몸을 싣고 다니다 오랜만에 늦은 밤 승용차로 귀가하면서 기독교방송 라디오를 청취하고 있습니다.

육체적으로 연약한 청년 자녀를 둔 부모님이 방송 대담에 나와 말하고 있습니다.

근육무력증 상태에서 장기는 제자리에 있지 못하고 갈비뼈는 다 녹아내린 상태로 모르핀의 힘으로 고통을 이겨내며 힘겹게 숨을 쉬는 아들을 바라보면서도 기도를 통해 하나님을 향한 소망을 사람들에게 전달하고 있었습니다.

그들은 아무 소망 없어 보이는 아이를 청년기인 지금까지 품고 살아왔고 청년 아들의 깨끗한 영혼의 눈망울을 바라보면서 그 믿음의 렌즈를 통해 일반 사람들이 보지 못하는 하나님의 세계를 보고 있다는 느낌을 받습니다.

바로 오늘 이별할 수도 있음을 알기에 날마다 이별을 연습하면서 동시에 영원의 시간에 익숙해져 가는 것을 눈물로 함께 듣고 공감하면서 믿음에 관해서는 그들이 무척 부럽다는 생각까지 하게 됩니다.

믿음은, 신비에 속한 것 같겠지만 오히려 '지식'이고 어쩌면 '사실'로만 설명되어야 하는 내용이라고 생각합니다.

보이지 않는 것은 느낌으로 다가올 때 붙잡을 수 있을 것 같아도 그 시간이 지나고 체험의 느낌이 점차 사라질 때면 희미해져서 다시 그 느낌을 갈망합니다.

그러나 진리와 지식으로서의 확신과 믿음은 자존감과 존재의 원천입니다. 다시 목마르지도 않고 늘 그 자리에 있어서

든든합니다.

체험으로서의 경험은 다른 세상과 종교 안에도 있는 것이어서 상황에 따라 신기루처럼 되기도 하지만 사실로서의 진리는 든든한 반석이 되는 것입니다.

물론 한쪽으로 치우치는 것은 잘못된 것입니다. 체험을 통해 진리는 더욱 다져지고 진리로서의 지식은 크고 작은 체험들을 경험하면서 생명력을 키워가기 때문입니다. 언제 갑자기 꺼져버릴지 모를 촛불 같은 인생을 살아가는 사람들을 보면서 저는 또 그들을 위해 기도합니다. 그러면서, 그들보다 더 건강하면서도 그들을 따라가지 못하는 내 안의 부족한 믿음 때문에 또한 부끄러움을 갖습니다.

내가 저들 같은 상황이면 저들만큼 확실하게 긴 미래를 마음으로 품을 수 있을까?

유한한 세상을 살면서도 영원의 세상과의 구분 점을 확연히 구별하지 않고 살 힘을 키워가는 것이 바로 '믿음의 훈련'이라는 생각을 하며 인사를 나누렵니다.

평안을 빕니다.

스물여섯 번째 서신

지난 한 달은 몸과 마음이 많이 지친 시간이었습니다. 저녁에 홀로 사무실에 자리를 지키고 있자면 피곤함이 밀려오고 집중력이 흐트러지면서 여러 지체들에게 드리고 싶은 편지를 준비해 두고서도 글을 쓰기가 힘듭니다.

억지로 마음 없이 쓰는 것이 편지일 수는 없는 것이라서 주님께 그 힘을 달라고 기도하며 보낸 시간이 훌쩍 한 달 반이 되었습니다. 그러면서 느끼게 된 것이 건강입니다.

열심히 사는 것도 중요하지만 쉽을 게을리하지 않는 것도 중요하다는 생각을 하였습니다.

최근에 생각하는 저의 행복론에 '긴장'이라는 단어 하나를 첨가하여 봅니다. 불행한 사람들의 공통점에는 지나친 긴장이 있든지 아니면 긴장이 전혀 없든지 둘 중 하나인 것 같다는 생각입니다. 반면에 행복한 사람들은 적당한 긴장 속에서 그 긴장을 지혜롭게 소화해내는 능력이 있다는 것도 발견했습니다.

언젠가 인용했던 '아굴'이라는 사람이 쓴 잠언에 나온 한 기도문이 다시 떠오릅니다.

쉽게 번역된 성경의 문구로 다시 옮겨 보렵니다.

"하나님, 제가 두 가지를 구하겠습니다.

내가 사는 동안에 그것을 꼭 이루어 주십시오!

우선은 이웃을 속이거나 그들에게 거짓말하지 않게 하여 주옵소서. 그리고 가난하게도 살지 않게 하여주시고 재산 많은 부자로도 살지 않게 하여 주십시오!

그저 하루세끼 굶지 않고 살수만 있게 하여 주소서.

너무 가진 것이 많으면 '여호와가 정말 누구란 말이냐? 하며 하나님을 모른 체 하지나 않을까? 걱정됩니다.

또, 제가 너무 가난해서 먹을 것조차 궁하여 남의 것 훔쳐내어 내가 모시고 사는 하나님을 욕되게 하지나 않을까 걱정됩니다."

얼마나 소박한 기도인가요?

제가 아는 어떤 사람은 하루 3, 4시간 이상의 잠을 자지 못합니다. 이유는 돈을 벌 일이 많고 기회가 많아서 만나야 할 사람과 할 일이 많기 때문입니다. 그러나 목숨을 연명하기 위해 하루 3, 4시간밖에 자지 못하고 일해야 하는 사람을 제 눈으로 본 기억은 없습니다.

인생에서 선택할 기회가 많다는 것은 행복인 것 같지만 사람이 하는 선택이란 대개는 욕심에 근거하기 때문에 선택을 많이 하면 실수도 많고 오히려 불행의 통로가 될 때도 많습니다. 오히려 선택하고 싶어도 할 수 없는 사람이 잘못 선택할 가능성이 적습니다.

하나님을 섬기면서 제가 개인적으로 기도해 온 것이 많은데 특별한 선택보다는 그분이 인도해 주신 길을 따라온 결과들이 항상 '선(善)'이었음을 고백하게 되면서부터 저의 인생관은 '큰 욕심 없이 현재에서 최선을 다하고 그분의 인도하심을 기대하는 것'이 되어 있습니다.

재능도 능력이고 인간관계도 능력이며 사회활동도 능력입니다. 개개인의 능력을 자체로 보면 분명히 공평하지 않지만 겸손함으로 조화를 이루며 살 수 있는 사람은 거만한 사람보다 더 행복할 것입니다.

바쁘고 분주하게 살아가는 사람들은 잠잘 시간 없이 분주하게 움직이는데도 훨씬 시간이 빨리 지나가지만 같은 시간인 것 같아도 가난하고 어렵게 살아가는 사람들은 천천히 가는 시계를 마음속에 가지고 있어서 잠을 더 자면서도 긴 인생을 살고 있습니다.

지나친 욕심은 항상 스트레스를 가져다줍니다.

일반목회를 하던 때를 뒤돌아보면 교회를 개척하고 때가 되어 예배당을 건축하며 지내는 동안 많은 긴장감에 시달렸습니다. 지금 생각하니 마음의 평안도 별로 없이 어떤 목적을 바라보면서 근심과 걱정에 사로잡힐 때가 많았습니다. 성과와 열매에서 만족을 누리고자 하면서 과도한 스트레스를 피할 수 없었던 것입니다. 하나님의 일이라고 자위하기도 하였으나 그것은 하나님께서도 기뻐하지 않았다 생각합니다.

기쁨과 만족이란 순간의 인위적 감정 자극을 통해 얻어지는 것이 아닙니다. 성경에서는 '주 안에서 기뻐하라', '여호와를 기뻐하는 것이 너희의 힘이니라'라는 말씀을 하고 있습니다. 요즘은 예수님을 믿는 사람들도 세상의 영향을 많이 받아서인지 기쁨의 원리를 놓치고 사는 것 같아 안타깝습니다. 저는 지금 하는 일에서 한 원칙을 가지고 있습니다.

"돈을 벌기 위해 일하지 말자! 일은 즐기되 노동의 대가에 만족하고 거기에 맞추어 자족하며 살자!"

이렇게 생각하고 무척 자유로워졌습니다. 하나님이 주시는 긴장 앞에, 우리는 때로 움찔 놀라기도 하는데 그럴 때가 오거든 겸손히 그분을 바라볼 여유를 가지시기 바랍니다.

지나친 긴장을 스스로 만들려고 하지 말고 욕심을 조금 내려놓으십시오! 그리고 일은 즐기면서 최선의 삶을 사시되 기도하는 마음을 가져보시기 바랍니다.

나의 자존심을 한껏 높여보아도 거기에서 내려올 때는 더 힘든 법입니다. 인기인들에게 가장 힘든 일은 사람들에게서 자신의 이름이 점점 잊혀가는 일이라고 합니다.

그래도 가정이 행복의 우산일 수 있는 것은, 품어주고 사랑해 줄 자식이 있고 섬길 부모가 있으며 같은 위치에서 서로를 견제하고 이해하며 사랑을 나눌 남편과 아내가 있기 때문입니다.

국가가 줄 수 있는 행복도 마찬가지라는 생각을 합니다.

자본주의 경제는 민주주의의 틀 안에서 꽃을 피워갑니다. 그러나 지나치게 물질의 풍요를 추구하고 거기에서 만족을 누리고자 하므로 무한경쟁과 개인주의의 함정과 늪에서 신음하게 됩니다. 오히려 과거 수천 년 모든 국가가 정치제도로 삼아왔던 군주정치만큼 완전하고 좋은 제도는 없다고 생각합니다. 선한 군주가 통치하는 것이 보장된다면 말입니다.

그리고 여기에서 기대하는 '선한 군주'란 백성을 사랑하고 헌신하는 왕을 말합니다. 이 헌신과, 헌신에 대한 보답은 모두 사랑이었으면 좋겠습니다. 사랑이 없었다면 섬겨야 할 이유도 없기 때문입니다.

어떤 조직과 공동체든지 행복을 주는 끈은 동등성을 추구하는 데 있지 않고 높아지고자 함에 있지도 않습니다. '사랑과 섬김'이라는 원리가 있을 뿐입니다.

교회를 세우고 섬겨온 목회경험을 가진 저에게 지금 후회가 남아 있다면 더 지혜롭게 이 원리를 적용하지 못한 것입니다. 스스로 권위를 세우고 주장하려 했던 일들이 지금 와서 조금씩 기억에 남습니다. 부흥을 위하고 교회건축을 위한다고 했던 일들이 '사랑과 섬김'의 소중한 보물단지에 흠과 상처를 입힌 것 같아 후회스럽기까지 합니다.

행복하십니까?

약함의 자리에서 보는 하나님은 너무 커 보입니다.

그래서 하나님은 저에게 당연히 주님(주인이신 나의 왕)이 되십니다.

스물일곱 번째 서신

심리학자인 칼 융은 '원수에게 감사하라'라는 말을 한 적이 있습니다. 원수가 가진 어두운 면이 내 안에 잠재할 수 있는 어두움의 자리를 미리 몰아내기 때문이라는 것입니다. 큰 상처를 주는 사람들이지만 그런 상황을 잘 감내하기만 한다면 그 고통의 자리는 훨씬 성숙한 삶의 자리로 이끌어줄 끈이 되는 것입니다.

내가 남과 다를 수 있는 것은 내가 특별해서가 아니라 환경이 만들어준 선물일 수 있다는 생각을 하신 적이 있으신지요? 원래 나도 비슷한 잘못을 할 수 있는 사람인데 남이 먼저 내게 그런 잘못된 모습으로 상처를 안겨주었기 때문에 내게는 몸서리치게 싫은 것이 되어버린 것입니다. 그런데도 같은 잘못을 행하게 된다면 정말 불쌍한 사람이 아닐까요?

가끔, 부모의 잘못된 행동을 가장 많이 보았으면서도 나중에 똑같이 닮아가는 자녀들을 볼 때가 있습니다. 그것은 나쁜 줄을 몰라서도 아니고, 몹시 싫어하는 것인데도 자신에게는 익숙해져 있어서 쉽게 같은 행동을 저지르는 것입니다.

중년기에 들어선 이후 저는 청년기에는 볼 수 없었던 사람들의 각기 다른 상을 보게 됩니다. 그것은 참 신기한 일이라는 생각을 합니다.

서울로 되돌아와 새로운 삶의 터전을 펼치면서, 여러 사람들의 변모된 내면을 들여다봅니다. 구석구석 도시의 변화는 예견된 것이어서 새로울 것도 없지만 사람들은 그렇지 않습니다. 외모에서는 비슷함이 존재하지만 마음이나 습관적 기질에서는 주어진 환경이 어떠했고 어떤 대처를 해 왔느냐에 따라 전혀 다른 옷을 입고 있었습니다.

아동기나 청소년기는 상처도 잘 받지만 큰 상처가 아닌 한 성격적으로 크게 달라지지는 않습니다. 그러나 사회와 부딪히며 자신의 입지를 세워가야 하는 청장년기는 사람들에게 큰 변화를 가져다줍니다.

타협하고 또 부딪치며 인생길을 걸어오는 동안에 만들어진 제2의 얼굴인 것입니다. 이렇게 변한 얼굴은 잘못되어 있을 때에 치유가 쉽지 않습니다.

우리 시대 중년기의 사람들은 그 어느 시대에서도 경험되지 않았던 일들이 벌어지고 있어서 사회문제가 될 정도입니다.

경제부흥의 중심기에서 청년기 이후 시기를 보내면서 이들이 쏟은 정열과 희생은 말할 수 없을 정도의 큰 업적이었지만 반대로 그들의 내면은 성공과 부를 위해 많은 것을 포기하여야 했습니다. 그리고 이제 와선 '융'의 지적처럼 삶의 공허함에서 벗어나려고 또 다른 무서운 폭발력을 가지고 위험한 선택을 하는 것입니다.

또한, 바늘구멍과도 같은 취업 전쟁 속에 모두가 경쟁대상이 되어있는 청년세대들의 정신세계 역시 결코 안전해 보이지 않습니다.

육체와 정신과 영혼은 긴밀한 관계성을 가지고 있습니다. 생각 없는 사람들은 육체로 정신을 짓눌러 버립니다. 그러나 사고가 건강한 사람들은 자신을 가만히 놓아두지 않습니다. 자기만 중심에 두지 않고 더불어 살아가야 할 사람들을 배려할 줄 아는 것입니다.

그릇된 기독교인들이 요즘은 너무도 많이 보이지만 그래도 예수님을 닮아가려는 성숙한 그리스도인들은 배려의 습관을 지니고 있습니다.

오늘 아침 지하철을 타고 오는데 앞에 앉은 한 청년의 모습이 매우 거슬렸습니다. 두 자리를 차지하게끔 앉아서 옆에 누가 앉을 공간마저 없게 만들고, 계속 큰 소리로 중요하지도 않은 통화를 하였습니다. 듣다가 대화 상대가 교회 사람들인 것을 직감하는 순간 부끄러워 고개를 숙여야 했습니다.

우리나라에선 백년 남짓의 짧은 기독교 역사에, 폭발적으로 그 힘이 강해지면서 많은 문제점을 드러냈고, 이제는 안타깝게도 기독교는 쇠락의 길로 접어들었습니다.

기독교의 핵심윤리는 '사랑'이지만, 예수님께서 보여주신 사랑과 초기의 그리스도인 공동체의 사람들이 가진 철저한 자기포기의 사랑이 지금은 아니어서 상처를 너무도 많이 주고 받고 있습니다.

저는 지금 목회 일선에서 한 걸음 뒤로 물러나 자비량 전도 목회를 하고 있습니다. 보통 사람들처럼 주중에 열심히 일하면서 저녁과 휴일을 통해 힘이 닿는 한 영혼들을 섬기는 보람과 기쁨을 누리고 있습니다. 그런데 한걸음 목회현장에서 뒤에 물러나 있다 보니 지난 일반교회 목회가 얼마나 부끄러웠는지 돌아봅니다. 더 많이 사랑하지 못한 죄가 떠오르고 시간을 많이 허비한 것이 부끄러움이 됩니다.

기독교인으로 산다는 것은, 더 많은 사람을 사랑으로 품는 일이고, 상황들을 긍정으로 극복하며 하늘을 바라볼 수 있는 여유를 갖는 삶이라 말하고 싶습니다.

이렇게 할 수 있는 힘이란, 하나님의 큰 세계 안에서 세상과 사람들을 바라볼 수 있기 때문이고 또, 세상과 사람들 속에서 나를 바라볼 수 있기 때문입니다.

같은 지구의 땅덩어리 안에서 함께 살아간다지만 미국, 중국 같은 큰 나라에서 사는 사람들은 왠지 모를 여유를 발견합니다. 우리는 그것을 대국(大國) 기질이라 하지요. 넓은 땅 하나가 민족성에 여유로움을 주고 있는 것입니다.

순간순간 제가 하나님께 기도하는 간단한 표현이 있습니다.

"하나님, 아시지요?"

때로 억울하게 손해나 억울함을 당할 때에 하는 고백입니다. 이것은 잃게 되었으니 다시 채워주셔야 한다는 요청의 기도가 아닙니다.

가끔은 뜻밖에 더 큰 것으로 돌아올 때가 있어 감사일 때도 있지만 정말 중요한 감사는 다름 아닌 내 마음이 넓어져가고 있다는 사실입니다. 그리고 그것은 나의 '행복 그릇'이라 할 수 있습니다.

요즘엔 교회와 기독교인을 향한 비판의 소리가 굉장히 많습니다. 그것은 기독교의 교리나 신앙이 그렇게 만든 것이 아니고 예수님의 마음을 잃어버려서 빈곤해진 그리스도인과 교회들이 보여주는 추한 모습일 뿐입니다.

좋은 사람들 주변에는 좋은 사람들이 많습니다. 좋은 사람들 속에 있는 당신이길 바랍니다.

더불어 한 가지를 권하고 싶습니다.

참 기독교인들을 한번 찾아보십시오.

“그때에 내가 참 믿는 자를 보겠느냐?”라고 말씀하시며 세속화한 세상 속에서 찾기 힘든 하나님의 사람들에 관해 예수님은 이야기 하십니다. 그러나 하나님의 사람이 아주 없는 것은 아닙니다. 참 예수의 사람을 찾고 만나며 관계할 수 있다면 이 세상에서 그 어떤 것을 얻는 것보다 소중한 만남이 될 것입니다.

스물여덟 번째 서신

청소년기의 세 자녀를 데리고 방학이 되면 3km가 넘는 거리의 도서관에 다닌 적이 있습니다. 추운 날씨엔 아이들이 무척 힘들어하고 짜증을 내곤 하였지만 그들에게 지금 그 기억은 좋은 추억으로 남아 있습니다. 지금 생각해 보면 그때이기에 가능했던 작은 훈련이었습니다.

인생 훈련을 스스로 선택하는 경우는 드물고 부모라 하여 시키기도 어려운 것이며, 결국은 훈련은 특별한 환경이 줄 수 있는 것입니다. 훈련이 된 사람과 그렇지 못한 사람은 살아가는 인생모 습이 확연히 다릅니다.

옛날보다 풍족해진 시대를 살아가면서 자기훈련의 기회는 훨씬 적어지고 있다는 생각이 듭니다.

훈련이 주는 큰 자산은, 자기 관리능력과, 다른 사람들과 건강한 관계형성일 것입니다. 이기적이기보다는 이타적인 삶을 생각하고, 그러다 보니 교만보다는 겸손을 배울 기회가 많아집니다.

성경에서 하나님이 가장 사랑하였고 크게 사용하였던 사람들에게서 공통으로 발견되는 면모가 있는데, 그것은 혹독한 인생 훈련을 경험하였다는 점입니다. 때론 이해할 수 없는 일들을 하나님은 경험하게 하십니다. 과거와 현재에 갇혀있는 우리와는 달리 미래를 아시는 그분만의 훈련과정이라 믿기에 대부분의 신앙인들은 이 훈련을 받아들입니다.

제 마음대로 살아가는 사람들이 많습니다. 말도 마음대로 하고 행동도 제멋대로이며 본능을 따라 살아가는 사람들입니다. 나름대로는 자유자의 삶이라 말하겠지만 실제로 보면 그들은 자유자가 아닙니다. 물질생활이나 가정생활이나 인간관계에 있어서까지 높다란 벽이 세워져 있어서 창살 없는 감옥처럼 스스로 갇힌 삶을 살아가는 것입니다.

자본주의 경제제도와 가치 속에서는 성공자와 실패자가 늘 나누어지지만 인생훈련에서만은 모두 성공이 가능한 것이기에 훈련은 누구에게나 필요한 것이고 반복되어야 한다고 믿습니다.

제가 아는 하나님은 복을 주시기 이전에 훈련시키는 분이십니다. 노동의 과정 없는 복권당첨이 복일 수 없듯이 인생훈련 없는 복은 축복이 되지 않습니다.

하나님을 알고 믿는 일 역시, 내가 긍정하고 받아들이는 것으로 보이겠지만 실제로는 그렇지 않습니다.

믿음이란, 믿을 수밖에 없는 과정을 수용하는 결과물이며 그러기까지는 또 하나의 훈련 과정이 존재합니다. 그래서 그것을 아는 모든 믿음의 사람들은 '은혜'라는 고백을 하는 것이지요. 내가 주인이었던 자리에 그분을 주인으로 내어 놓으면서 '주님'이라고 부르기까지는 가장 어려운 자기부정의 과정이 존재했던 것입니다.

어떤 사람에게는 그것이 쉬웠고 또 어떤 사람에게는 매우 힘들었다는 차이가 있을 뿐입니다. 저는 하나님께 훈련을 요청한 적이 거의 없습니다.

그러나 그가 주신 훈련의 결과에 대하여 항상 감사를 드려온 것은 사실입니다. 그러기에 나의 사랑하는 자녀들에 대하여도 가장 적절한 훈련의 과정을 주시라고 기도합니다. 아무런 훈련과정 없이 제대로 될 인생이 없으며 그것은 내가 줄 수 없는 것이기 때문입니다.

큰아들은 지금 해병대에서 군 복무를 하고 있습니다. 누구나 거치는 인생훈련의 과정을 좀 더 확실하게 받고 싶다고 자원했을 때에 아버지로서 뿌듯했던 것은 나의 나약성을 뛰어 넘고 있다는 사실로 인한 기쁨이었습니다.

유난히 춥고 눈이 많은 겨울철을 서해안 전방부대에서 보내고 있을 아들에 대한 애틋함을 가지면서도, 하나님께서 가장 좋게 훈련시키실 것을 믿으며 감사하고 있습니다.

비록 제가 목사이긴 하지만 세 아이를 키우는 동안에, 특히 청소년기 이후에는 신앙생활을 강요하지 않았습니다. 나에게 신앙생활이 기쁨과 행복과 자유를 주었다 할지라도 그들이 느껴야 할 행복이 되기 이전에 먼저 구속이 되지는 않을까 염려가 되었기 때문입니다.

종교 생활도 개인적인 삶의 선택이고 결정인데 어떤 확신이 주어지기 이전까지는 자칫 속박이 될 수 있다고 생각합니다. '왕자와 거지'라는 이야기를 빗대어 비교하자면, 왕자가 자신의 영광스러운 신분을 깨닫기 이전까지는 거지의 자유가 부러워 보일 수 있는 것과 같은 이치입니다.

20세기 최고의 기독 지성인이며 '나니아 연대기'의 저자 C.S. 루이스도 9살 때까지 부모님의 영향으로 기독교인으로 살았습니다. 그러나 어머니 사후 자연스럽게 무신론자의 길로 들어섭니다. 그리고 많은 공부를 하였고 인정받는 지식인으로 살아가다가 다시 기독교로 돌아온 나이가 서른셋이었습니다.

기독교를 떠나면서 자유를 느꼈던 그였지만 참 자유가 진리 속에 있음을 깨닫게 되고 하나님 앞에 무릎을 꿇으면서 이런 고백을 남깁니다.

내 안전을 다른 존재에 맡깁니다.
갈릴리 사람, 하나님이 하늘에서 내려오셨기 때문입니다.
나는 그렇게 믿습니다.
하나님, 하나님을 정녕코 믿습니다.
제게 순종의 길을 가르쳐 주옵소서
당신의 의지에 제 평화가 있습니다.

진리란 붙잡아야만 하는 것인데 그것이 어려운 것은 믿음의 렌즈를 통과하여야만 하기 때문입니다.

당신에게 이 용기가 있기를 바라고 기도하면서….

스물아홉 번째 서신

사랑하는 사람들 사이에서는 오래 기다려도 그 기다림이 힘들지 않습니다. 사랑하는 사람들은 오랫동안 함께 있어도 지겹지 않습니다. 사랑하는 마음이 기쁨을 주기 때문입니다.

성경은 예수님을 기다리시며 문을 두드리시는 분으로 묘사하고 있습니다.

"볼지어다 내가 문 밖에 서서 두드리노니 누구든지 내 음성을 듣고 문을 열면 내가 그에게로 들어가 그로 더불어 먹고 그는 나로 더불어 먹으리라."

기다림은 사랑의 대표적인 표현입니다. 순수한 사랑은 얼굴 한번 보고 싶어 때론 몇 시간이고 기다립니다. 그것이 보답 없는 사랑일지라도 말입니다. 그런데 인간을 향한 하나님의 사랑이 이처럼 짝사랑으로 표현되곤 합니다.

약속된 만남도 아닌데 무작정 돌아올 때까지 기다리는 것은 얼마나 큰사랑인가요? 인간을 향한 하나님의 사랑을 누가복음 15장에서 탕자의 비유를 통해 이렇게 묘사하고 있습니다.

"아들은 청년이 되자 아버지의 품을 떠나려 합니다. 자신의 욕심과 생각이 자기 아버지의 생각과 달랐기에 자기의 길을 가려고 고집하는 것입니다. 고집을 부려서 자기가 원하는 유산을 미리 상속받아 아버지의 품을 떠난 아들에 대하여 아버지가 할 수 있는 일은 한가지 뿐이었습니다. '기다림'이었습니다."

자식이 부모의 진정한 사랑을 모를 수 있습니다. 자식보다는 가까이서 바라보는 제삼자가 더 잘 압니다.

이처럼 인간을 향한 하나님의 사랑을 누가 가장 잘 알며 흠모하는지 아시는지요? 바로, 천사들입니다. 인간이 천사들보다 조금 못한 것으로 보이나 그렇지 않습니다.

천사들은 하나님 앞에 종과 같은 존재여서 이 땅에 거하는 우리를 향한 하나님의 사랑을 가장 잘 보고 있습니다. 그래서 흠모하는 것입니다.

하나님은 왜 긴 기다림으로 찾아오실까요. 바로 우리에겐 은혜가 필요하며 그 은혜를 주고 싶기 때문입니다.

은혜! 얼마나 아름다운 언어인지요.

은혜 없는 세상을 생각해 보셨는지요. 우리 인간에게 없어서는 안 되는 생명 같은 것이 은혜입니다. 은혜의 이슬을 받아먹고 사는 사람만이 아름다움을 간직할 수 있습니다. 은혜를 베풀 줄 아는 덕성을 소유할 수 있는 자만이 진정한 행복을 누릴 수 있습니다.

성경에서 '사단'이라는 이름으로 알려진 악의 존재는 우리에게서 은혜의 줄을 끊으려 수단과 방법을 가리지 않습니다.

그러나 하나님은 우리에게 은혜를 가지고 다가오시는 분이십니다. '하나님이 사랑이시라'라는 것은, 그의 손안에 이 은혜가 담겨있기 때문입니다.

믿음 생활이란, 관계를 통해 지속적으로 받는 은혜의 단비라 할 수 있습니다.

기도의 모든 내용은 그의 은혜가 필요한 나의 요청이고, 은혜가 필요한 내 주변의 사랑하는 사람들과 지구촌의 모든 민족에게까지 그 은혜의 단비를 주시라는 간구들입니다.

그래서 '은혜' 없이 신앙생활은 없습니다. 그로부터 받은 은혜의 사랑들 때문에 우리의 강퍅한 마음은 봄눈 녹듯 녹기도하고 메마른 눈이 순간순간 눈물의 샘으로 바뀌기도 하는 것입니다.

하나님의 나라엔 은혜의 이슬이 내립니다. 광야의 이스라엘 백성에게 날마다 만나가 내렸듯이 광야 같은 삶을 살아가면서도 그리스도인들의 삶 속에 이 은혜가 있습니다. 아무리 힘든 인생이어도 하나님의 백성으로 살아가는 동안은 만나를 맛볼 수 있는 것입니다.

누구의 도움을 받지 않고서도 살아갈 수는 있습니다. 관계를 중시하지 않고도 세상은 얼마든지 살아갈 수 있는 곳입니다. 내게 스스로 살아갈 힘이 있으면 그렇습니다. 그러나 그런 사람은 관계가 주는 행복의 소중한 가치는 포기하고 살아야 합니다.

저는 요즘 외로운 노인들을 거의 매일 보고 살아갑니다. 그들 중 상당수는 젊은 한 때 돈과 힘을 가지고 남부럽지 않게 살았던 사람들입니다. 그러나 지금은 혼자입니다. 그리고 혼자인 것을 무척 힘들어하고 있습니다.

오래전에 강아지의 출산 과정을 지켜본 적이 있습니다. 어미가 새끼를 낳아 키우는 과정은 아주 특별했습니다. 그런데 제 눈에 더욱 특별하게 보인 것은 갓 태어난 새끼에게 젖을 먹이고 배변을 다 받아먹으면서 정성을 다하는, 극진히 돌보는 보름 동안 새끼는 정작 눈도 뜨지 못하고 있다는 사실이었습니다.

사람도 부모의 가장 극진한 돌봄이 필요한 시간에 대해서는 눈을 뜨고 있었음에도 기억력이 가동되지를 않습니다. 기억이 아무리 뛰어난 사람도 다섯 살 이전의 일들은 좀처럼 기억하지 못합니다.

사랑받은 기억이 있어서 부모에게 효도하는 것이 아니며 효심은 관계의 능력 때문이듯이, 관계의 능력으로 인해 기억에도 없는 은혜의 사실들이 소중함이 되듯이, 하나님이 세상을 창조하시고 우리를 사랑하셔서 그의 아들인 예수님을 이 땅에 보내시고 희생시키신 일은 이해하고 확인해서가 아닌 하나님의 사랑을 느끼고 관계가 깊어지면서 알게 되는 복입니다. 그래서 기독교는, 명상의 종교도 아니고 기복의 종교도 아닌 '관계의 종교'입니다.

제 마음을 통탄하게 하는 것은 하나님을 믿는다는 사람 중에 너무도 많은 사람이 하나님과의 관계를 중시하지 않고 필요만을 구하는 기복신앙에 빠져있다는 점입니다.

믿음은 관계이기에 설명이 아닌 들음을 통해서라 하였고, 믿음은 관계이기에 오래 믿은 자보다 얼마 안 된 신앙인들이 오히려 하나님과의 깊은 관계를 통해서 '나중 되었지만 먼저 되는' 신앙역전이 흔히 있는 것입니다.

당신 안에 이 은혜의 선물이, 기다리시는 하나님의 손길을 통해 들려지기를 소망하며 기도합니다.

서른 번째 서신

거룩하고 존귀한 하나님의 성결한 교회가, 사회적으로 경멸과 질시를 받는 것을 봅니다. 교회를 세우고 유지하는 책임을 가진 목사이기에 저는 부끄러움을 가지고 있습니다.

세상이 교회를 향해 많은 손가락질을 한다는 것은, 아무리 건강하고 좋은 교회가 주변에 있다 하여도 실제로 교회와 그리스도인들이 많은 문제를 안고 있다는 것을 증명합니다. 저는 이러한 부분에 관하여 변명하거나 설명할 생각이 없습니다. 그러나 목사이기에 제가 생각하는 교회에 대해 몇 마디 말씀은 드려야 할 것 같아서 오늘 이야기를 하렵니다.

고향 마을에는 낭만을 주던 깨끗하고 아름다운 호수가 있었습니다. 그런데 이곳에 더러운 생활 하수가 유입되며 해충의 온상이 되고 악취를 풍기게 되었습니다. 결국, 지금은 메꾸어져 호수가 있던 자리는 주택가로 변하였습니다. 옛적의 그 호수도, 냇가도 동산도 모두 달라졌습니다. 더러워져 있거나 흔적이 사라진 옛 추억의 현장일 뿐입니다.

어린 시절, 저는 깨끗하고 맑은 시골교회에서 사랑과 정을 나누며 꿈을 키우며 자랐습니다. 그런데 교회가 점점 변해가는 것을 안타깝게 보았습니다. 또한 신학대학에 입학하여 성직자 수업을 받는 동안에도 많은 교회가 생명을 잃고 순수함을 잃어가는 것을 안타깝게 보았습니다.

〈나무를 심은 사람〉이라는 장 지오노의 소설이 있습니다. 양치기 노인 한 명이 황무지에 꾸준히 나무를 심어, 숲으로 일궈낸 이야기입니다. 그는 비판하지도 않고, 대가를 바라지도 않고 매일 나무를 심었습니다. 그리고 그가 살던 황무지는 놀랍게도 풍요로운 땅이 되었습니다. 한 사람의 꾸준한 헌신으로 기적이 일어나는 것처럼, 꿈을 가진 작은 교회 하나가 점점 혼탁해지는 이 세상에 생명을 줄 힘을 가지고 있다고 저는 믿습니다. 그래서 지금은 될 수 있으면 옛날처럼 교회를 비판하지 않으려 합니다.

교회의 머리 되신 예수그리스도가 계시는 한, 세상을 밝게 할 아름다운 교회를 세우는 일은 얼마든지 가능한 것이고 그런 교회들이 아름다운 경쟁과 협력을 이루게 될 때 교회는 세상에서 빛과 소금이 되고 세상을 낙원으로 만드는 산소의 역할을 하리라 굳게 믿습니다.

맑은 공기를 마시며 상쾌해 하듯, 모두에게 영혼과 정신을 맑게 해주는 영적 산소의 공동체로서 건강하고 바른 교회를 이루는데 작은 힘이 되고 싶어 합니다.

어차피 지상의 교회는 역사 속에서 존재하다가 때가 되면 사라질 수밖에 없는 한시적 생명체와 같은 것이기에 죽음을 거부하며 마지막 한 호흡까지 버티는 목숨일 필요가 없다고 생각합니다. 때 되면 새로운 움을 티어주고 사라져 없어지는 그런 교회면 충분합니다.

목사가 드러나는 교회가 아니고, 성도들이 드러나는 교회였으면 좋겠습니다. 지금은 돌아가신, 제가 가장 존경했던 목사님의 생전 말씀이 기억납니다.

"병든 한국교회가 회복되려면 목사가 교회의 얼굴이 아니라 평신도가 교회의 얼굴이 되어야 한다. 지금은 그래야 할 때가 되었다."

목사도 사람입니다. 저도 교회가 커진다면 그렇게 될 수 있다는 생각을 합니다. 그래서 작은 목회와 자비량 목회를 결정했습니다. 작은 교회를 세워주는 것을 사명으로 삼아 모판교회의 일을 시작했습니다. 그런데 제가 아는 거의 모든 기성

교인들은 이상하게도 오직 부흥만을 꿈꾸고 기대합니다.

그러나 새신자나 잃은 양(가나안 교인)들은 부흥의 바람이나 꿈이 아니었고 오직 가정이 되어줄 작은 울타리에 만족하고 있었습니다. 목회자로부터 받을 영적인 젖과 성도들로부터 받고 싶은 가족 같은 사랑에 대한 그리움 때문입니다.

서울로 옮겨올 때 작은 모임으로 '새움'이라는 교회 하나를 시작하면서 이런 소망을 담은 적이 있습니다.

새로울 것은 없습니다
그러나 처음의 새로움처럼
그루터기로부터 움티울
성결한 교회 하나
여기에 세우고자 합니다

여리고 작은 '새움'이지만
생명의 힘만은 가지고 싶고
생명의 아름다움만은 보여주고 싶고
생명의 향기만은 발하고 싶어
이름에
작은 생명 모습을 담았습니다

잘리고 꺾인다 하여도

또다시 움 틔울 새순으로
또 다른 새움을 움 틔울 생명의 줄 된다면
거목(巨木) 아래 그늘 되어주지 못하여도
푸른 잔디마냥
마음껏 뛰놀 작은 동산 되어줄 수 있을 터

오직
새 영혼, 잃은 양, 방황하는 젊은이
그리고 외롭고 힘없는 어르신만 바라볼 교회
모두에게 가정이 되어줄 교회
모든 교회와 더불어 하나됨을 이루는 교회

새움교회의 꿈입니다

이 세상에 완전한 교회는 존재하지 않습니다. 영원히 존재할 교회도 있지 아니합니다. 하나님은 내 안에 예수 그리스도를 모시고 그분 안에서 평안과 행복을 누리는 것만을 원하십니다. 그 능력만 있다면 다른 것은 저절로 이루어지는 것들입니다.

교회란, 당신이 무엇을 하기 위한 곳이 아니고 영적으로 쉼을 누리기 위한 곳일 뿐입니다.

그런 교회를 꼭 찾으시기를 바랍니다.

평안을 빕니다.

후기

전도자의 소망

욕심 없이 야망 없이

가방 하나 들고 한 영혼 찾아다니며

길 가다 그늘 아래 비 피하며

처마 아래 전철역 의자 한편에서

편지 한 통 우체통에 넣고

나를 필요로 하는

상처 입은 한 영혼 만나

밤을 지새워 듣고 이야기하며

손잡아 함께 기도할

작은 목자이길 원하고

비신자에게 그리스도의 생명을

잃은 양에게 치유의 복음을

방황하는 젊은이에게는 창조주를 기억하게 하여

건강한 교회로 이양하는

전도자의 삶으로

남은 생애는 살아가고저…